たかがアキバされど秋葉原。

ウェルダン穂積

セルバ出版

はじめに　リアルを生き抜く秋葉原サブカル魂は、時代に通用するのか

２０１１年１月23日、秋葉原の歩行者天国が復活した。

２００８年６月８日に起こった秋葉原通り魔連続殺傷事件で奪われた自由。

完全凍結といわれていた世論を覆しての奇跡の再開であり、大いなる希望と可能性を信じた社会の勝利であると確信する。社会を覆う閉塞感や政治と切り離された若者の心と大人の希望を繋ぐ正義になれると思っていた。

２０１１年３月11日、東日本大震災が発生した。多すぎる犠牲を払い現実を突きつけられた僕たちは自分たちの脆さを知る。

ぼんやりと享受していた希望や感動は陳腐化した、はずである。

「アニメを信じる勇気があるか」牙を剥いたリアルの前に浮き足立った僕たちの心はただ弱々しく逃げるだけなのか。リアルに対してアニメは無力なのか。

18メートルの等身大ガンダムが大地に立つ時代。目に見える形で、肌で触れる存在としてクールジャパンの育てた文化がリアルになっていく。デスノートになぞらえたベルギーでの殺害事件、集団自殺呼びかけサイト、掲示板での犯行予告、誹謗中傷の集中砲火。ずっと前から敵は見えていたのに見ようとしなかった。世界中の若者が信じるサブカルチャーの向かうべきはなんだろう。

本当にすべてが終わってしまう前に。

こんな時代に秋葉原。こんな時代だからこそ秋葉原。

世界のアキバはいつまでも聖地でいられるだろうか。

クールジャパンはどこまで世界を熱くさせられるだろうか。

日本のサブカルチャーが熱病から醒めたドン・キホーテのように虚しいニヒリズムに覆われない
ためにリアルに打ち勝たなければいけない。

雑多な社会とディフォルメされた欲望を映す秋葉原には希望のヒントがたくさん眠っている。

今こそひとつにならなければ、この国の心は深い闇に沈んでしまうような気がしてならない。

その焦燥感で筆を走らせている。

無数の解釈から、ひとつの願いを語る勝手を少しだけ許していただきたい。

たかがアキバ、されどアキバ、
世界のヲタクが憧れる、クールジャパンを育む聖地、世界のアキバは伊達じゃない！

ここをどこだと、思っていやがる！

平成23年10月

ウェルダン穂積

たかがアキバ　されど秋葉原　目次

第2章　「こんなアキバで大丈夫か」〜…問題ない！〜

第3章 「愛・おぼえていますか、愛を取り戻せ」〜サブカルへの真摯さ〜

第1章　「祝！　アキバのホコ天復活」
～世界のアキバの真意とは～

1　永久凍結といわれた歩行者天国が奇跡の再開

①こんな復活めったにないんだからね！

ホコ天復活！　と文字で書けばそれだけのことである。

「歩行者天国再開」「2年半ぶりの再開」「アキバの街にホコ天キターー！」

歩行者天国再開の翌日の新聞記事の見出しを並べても、本質的なものはなにひとつ伝えられない。永久凍結といわれた歩行者天国が再開した。なぜ復活させたのだろう。なぜ永久凍結といわれたのだろう。そもそもなぜにホコ天はなくなってしまったのか。

いや、そもそもなぜに歩行者天国というのはあるのだろうか…という歴史を紐解くまで遡ってしまうのは本書の方向を曖昧にさせてしまうので割愛させていただくが、ホコ天と世界のアキバの意義から震災後の日本に通用する希望を紡ぎ出したい。

ただの再開とは大違いなのですよ！

２０１１年1月23日。この日、秋葉原が大きな希望を踏み出したということを知り共有することは大事である。

まずホコ天が廃止になること自体がめったにない未曾有のことで、めったにでもあってはいけないことである。廃止の直接的な理由となったのは、２００８年6月8日に死傷者17人を出した秋葉原通り魔連続殺傷事件。

二度と事件が起こらないようにするには、理屈としてはホコ天をなくすという措置しかなかったのである。

それが時を経て復活した。僕たちが親しみを持って関わる社会でこんなにわかりやすく希望に向けて帆を張り進もうとする舟があるのだ。この情熱をただのホコ天再開として受け取るのは余りに野暮である。

ここにこそ秋葉原リテラシー、若者の社会を取り巻くサブカル文化、世界が認める情報発信地の真価が問われるのではないだろうか。

歩行者天国再開初日には秋葉原に10万人を越える人々が訪れ大きな賑わいを見せた。商店街では復活記念の帯のついたおみやげなども販売され、歩行者で溢れかえる。立ち止まるだけで警察に笛を吹かれて注意されるほどの厳しい規制は賑わいに水を差したようにも見えたが、慎重な船出をしなければ秩序の隙を見せることにもなる。

もう少しだけ丁寧に一連の流れを読むことで、ガラリとホコ天と秋葉原の印象も変わるのではないか。

「震災後」

東日本大震災後であることを忘れてはいけない。あえて強調するのは、大切なことはなにかを見失ってはいけない、本当の相手はどこにいるのか、を見据えるという本書の願いからである。

大きな国難を前にしても僕たちは日々を取り戻し、日常を生きなければいけない。大きな試練を乗り越えるには小さな希望の積み重ねが必要である。

僕たちにできるのは、芽を出した希望を見失わずに愛でることだ。

②無法地帯と呼ばれたアキバが劣勢からの大逆転

ホコ天復活への船出は困難を極めた。連続殺傷事件により当然のようにホコ天は無期凍結が決まる。

当初、歩行者天国は一時休止と新聞などでも報道されていた。それが無期限の凍結に至ったのは事件前からのアキバのホコ天のイメージの悪化がある。

マスコミ報道での誇張により「無法地帯」と名付けられた秋葉原。大人たちの多数は秋葉原の若

毎週日曜日に実施されている歩行者天国

者文化を嫌悪した。大人だけではなく若者の多数も「痛い奴らだ、日本の恥だ」と、ここぞとばかりに叩きまくった。

事件前、歩行者天国が大勢の人でにぎわっていた頃。可愛いコスプレをした女の子を囲むカメラマン、歌の宣伝のために路上ライブを開く駆け出しのアイドル。秋葉原は毎週のように大勢の人で溢れ歩行するのさえ容易ではなかった。

スケボーで走りエアガンを打ち合って遊ぶ若者。２ちゃんねるなどで募って一斉に踊り狂うオフ会。

とりわけ問題としてクローズアップされたのはローアングラーと露出度の高い格好でそれを煽る女性だった。

「ローアングラー」

これはカメラを地面すれすれのローアングルから構えて女性の際どいショットを集団で撮影するカメラマ

ンのことをいう。

歩行者天国で露出度の高い格好でゲリラ撮影会を行った過激なアイドルは一躍有名になりマスコミもおもしろがって取り上げた。一般の市民もそれを携帯で撮影してネットにアップしておもしろがる。

エスカレートして行く過熱報道の中で迷惑防止条例違反により彼女は逮捕された。彼女自身それすらもネタにして業界を泳ぎきろうとする。当然激しい批判に晒された彼女は、深く傷つき、秋葉原や報道に振り回されることにもなった。

誰がいけないのだろう、なにがいけないのだろう。いや、なにもいけないことなどないのかもしれない。これが僕たちの選んだ自由なのだから。

当然のごとく「あんな歩行者手国の復活なんてありえないこと」なのだ。なくなって正解だ、と世間の評価は下り、アンケートでも復活して欲しいという声は圧倒的に劣勢だった（調査によりブレがあり特に地元住人の方は長年住む生粋の江戸っ子が多く反対に傾く）。

これは考えるまでもなく当たり前の話である。マスコミを通じてこれだけイメージを貶められたら、世論としてすぐに復活を訴えるというほうがどうかしている。

しかしである。

「なぜ歩行者天国は廃止になったのか？」

ここがとても重要である。

路上パフォーマンスが増えすぎたから？　お尻を出した女性を撮るローアングラーが増えたから？　それを煽ったマスコミの報道で運営側が決断したのか？

もちろんどれも違う。

秋葉原連続殺傷事件が起こったから、である。ここがブレてはいけない。

③ホコ天廃止とアキバの無法地帯を世論は結びつけた

世論が秋葉原の無法地帯とホコ天廃止を直結させる。これも当然の帰結といえばそれまでである。

当時も一部では議論があった。あの事件と秋葉原には直接的な因果関係はないのではないか、と。

もしも「ただ秋葉原で起こった」というだけで事件が起こるリスクを秋葉原に認めたとしたら、世界中のどの場所にだって無理矢理結びつけられることになってしまう。ただ「人が集まる」というだけで、ただ「異質な文化」だというだけで。

そうなると自由社会の完全な敗北となる。

そもそも悪意を呼ぶようなレッテルを貼り付けたのは、マスコミを始めとするメディアであったにも関わらず、その責任は誰も取ることがなく取る方法も知らない。もしもその方法があるとすれば語り合うべきことを最後まで語り合う場を設けることだったはずだ。

社会はこうした閉塞した空気に流される。

「もう事件のことをいつまでも語るのはやめよう」

そんな切り口の議論を週刊誌にいう識者もいた。

この手の連続殺傷事件は、その予備群の心を刺激するだけではなく、弱い若者の心を追いつめ社会まで不安にさせるからである。だが、これも違うのではないか。

最後の最後まで若者の心と向かい合い、議論すべき道理を示すことが社会のすべきことだからである。

臭いものに蓋をすることがもっともリスキーなことであることを、いい加減にわからなければいけない。それは出来事を風化させ次世代にツケを回すことになる。

「こんな事件を二度と起こしてはいけない」

関係者の方も、遺族の方も、この答えに行き着いた。

社会はこの答えに対して真摯に応じなければいけない。

それは歩行者天国の無期凍結でよいのだろうか。

次々起こる事件を情報として流すだけでよいのだろうか。

「不安はそのまま現実になる」

ナイフを持って通行人を襲う事件が7月に八王子で起こった。理由なき「誰でもよかった」という漠然とした殺傷事件が起こるのである。

専門的な分析は本書の意図とは離れるのでここでは省略するが、２００８年3月の土浦の連続殺傷事件を意識したものが起こり、秋葉原の事件もそのひとつであることからも事件は連鎖するといえる。かといって、そんな言い訳じみた理屈はどれにでも当てはまることであり、結果として分析ができただけで解決にはならない。

報道は希望の理屈に着地させるべきだ。

事件を起こした若者の言葉を抜き出し詩情を語ってもなににもならない。心まで負のスパイラルに導かれてしまった悲しみに支配されるばかりである。

言葉を持つものたちが信じるに足る希望を語り若者の心を鍛える術をもつことでしか事件に関わった人たちが報われることはない。

「あなたのような人がいるから歩行者天国はなくなったんです」

僕自身も当時、拡声器を持って「いじめはよくない」だとか「自殺をやめるんだ！」とか「恥を知れ、本当の自分を生きるために」だとかをアニメのヒーローに扮してやっていたので（ネットの爆発力でうまく世の中にメッセージが伝わればなにかが変わると信じていました）、ネットでよく叩かれた。

歩行者天国が凍結したのは語り合う土壌を持たない社会がいけない。哲学のない言葉を弄し生きづらさを放置する風潮がいけないのだ。

２００８年は「通り魔殺人事件」が93年からの集計で過去最悪になった（警察庁調べ）。これは、象徴的な社会の風潮なのか、特定の情報をクローズアップするからいけないのかは意見が分かれる。

小中学生による殺傷予告や爆破予告が報告される。小さないたずら心の実情がどうあれ社会に暗い染みを残す。

そして自殺者３万人を毎年越えるこの国では、自殺願望を根拠に死刑になりたくて犯罪に走る。

少しずつ負のスパイラルに引き込まれ、メディアがそれを加速させる。

前置きばかりが多くてすみません。

しかし、希望への前置きとして不安を通らざるを得ない。

ここからが秋葉原の出番である。

震災という大きな喪失を越えて行かなければいけない時代に、世界のアキバから希望を発信しなくてどうする。授かりもののこの文化、せっかくだから大いに社会の益とすべきである。

暗い事件の背後には、職の不安定などの経済問題が大きく関与している場合が多い。

そこで、単純に歩行者天国の経済効果という点に行き当たる。

2 地元商工会の英断

①これだけの経済効果を逃す手はない

絶対的な答えなどない人の心や哲学を語るだけでは現実は動かない。

歩行者天国がもたらしていたもの、そのひとつに経済効果があるのはいうまでもない。あれだけ多くの人が訪れれば波及効果は様々な場所で現れる。

不況は人の心を蝕み疲弊させる。経済的な事情を苦にして道を踏み外すことが多いのが人の世である。資本主義が派遣切りなどを生み、心までも切り捨てる社会を助長することがあるとしても、貧困は解決しなくてはいけない。

経済効果は至極重要な歯車のひとつであることに変わりはない。

歩行者天国の有無により日祝日の商店街の売上には10パーセントの違いがある、という。社会に出たことのある人ならば、この10パーセントがどれだけ大きな数字かはすぐにわかる。

社会というのは現金なもので、本当に腰をあげるのはこうした経済の力が働くときだったりする。

僕の考えでは若者の心を導き本来の力を社会で発揮させることこそが潜在的な経済効果として何十倍も大きなものであるのだが、それは直接には目では追えない。

歩行者天国が廃止された直後に行った社会に対して愛を訴える「アキバデモ」(3章で詳述)を行ったときに3回目まで歩行者天国復活を訴えることができなかったのは、経済の歯車ではなく社会が心の歯車で動くべきだと認識したからである。

「地域活性の旗手として」

単純な経済効果の他にも波及するものはある。街づくりのモデルとしての効果だ。日本全国では各自治体が休日に歩行者天国として道路を解放したり、路上をカフェテリアにしよう、などという計画がいくつも上がっては二の足を踏んでいる。

経済効果や安全面などをクリアして前例になることができれば、こうした地域の活性化を促すこともできるのだ。

名古屋では、世界コスプレサミットが行われてコスプレイヤーのパレードで道が埋まるという。大阪の日本橋でも、コスプレパレードや日本橋コスプレ祭りが行われている。

これらに対抗する術を持っていない秋葉原は、今や遅れをとっているかもしれないのだ。

こうして互いの地域が刺激しあい盛り上がることで繋がりが生まれていく。世界のアキバを冠するのであれば、その旗手としてこれほどうってつけの役はないだろう。

歩行者天国廃止から復活までの活動をするにあたり「歩行者天国のパフォーマンスをイメージ」して中央通り沿いに設けられていた基本無料のライブステージ「LIVE PARK in AKIBA」の代表の方や地元商工会のお話を聞いた。様々な意見が内部にはあり、秋葉原で権限を持つ人の中でも徹底的に再開反対の意見もあったという。

しばらくは安全・安心を全面に押しだし「秋葉原観光推進」の旗を駅前の電灯に掲げて「歩行者天国抜きで魅力を発揮する街づくり」をしていくのが目に見える形で現れていった。

マスコミは、ネットでの炎上もあったため偏った見方でオタクをクローズアップしてネタ的におもしろがる報道を一切控えるようになり、結局なにも語らなかったのは無理もない（炎上は2章で詳述）。

メイドカフェの店内で盛り上がる姿の特集を組む程度になり、駅前には綺麗な飲食店が並びグルメの街を取り入れ若い女性が来やすい街へと変貌していく。

暗くなると若いカップルが路上でキスをする姿も目立つようになり、秋葉原の街の移りゆきが肌で感じられるようになった。

どの道を辿るのが正しいかは誰にもわからないが、秋葉原特有の色が少しずつ失われていくのは寂しい。

新しい風が吹くのならまだしも二番煎じのありきたりな街になるのは悔しかった。

②パフォーマンスは禁止です！　に込められたワケ

秋葉原の街も、生きるために必死であった。

見込み報道が何度もあり「歩行者天国復活の意向」「２０１０年秋にも復活」とされながら、いつまでも復活できずに「そんな話はまったくのデタラメである」と地元の方が言うように情報の錯綜があった。

治安が整っていないなどの事情があるとはいえ、復活を望む声と慎重な運営サイドの葛藤が続く。

歩行者天国をモチーフにしたライブバー「ディアステージ」は、２００８年9月にオープンし独自に活気を見せる。昭和通り口近辺にも乱立しては消えていった小屋があり、地下アイドル（メジャーで活躍せずに小規模なファン層に愛されるアイドル）が活躍した。

紆余曲折を経て、結果的に歩行者天国の再開は果たされた。地元の方の判断にいかなる思惑があったとはいえ、これは英断と呼べるだろう。

そしてその苦悩が目に見える形で現れたのが歩行者天国での「パフォーマンス禁止」である。2年7か月ぶりに再開した歩行者天国では、一切のパフォーマンスが禁止された。その理由は、明瞭であり運営側の苦肉の策でもあった。

パフォーマンスだけではなくメイドさんのチラシ配りさえも厳しく禁止された。「パフォーマンスとの境界線が曖昧になるから」というものである。

人気メイドが歩行者天国内で自由にチラシを配るようになれば当然のように写真撮影をするものに囲まれ人だかりができる。

それが膨れ上がりひとつひとつを規制しようとすれば、あげ足を取るように警察に反抗するものが現れ悪ふざけが横行する。ここまではほぼ確実にイメージできる。

治安を守りたいという絶対的な信念によりパフォーマンスは規制された。それ故に再開時には歩行者地獄だ、歩行者監獄だと罵られ、こんな自由のない再開に意味があるのか、と煽るものもいた。

各所に設けられた看板

しかし歩行者天国がなくなった経緯と行き過ぎた情熱を思えば、当然の受け入れるべき始まりであり僕にはなんの疑念もなかった。

ただ、この大きな希望をなぜ卑下してしまうのだろう、と思った。

③僕たちはあの戦いの続きをしているんだ

理路整然と考えてみればわかる。

「前の歩行者天国はこんなんじゃなかった」というのは、正確にいえば誤りである。

なぜなら廃止直前の歩行者天国はすでにマスコミの過熱報道で悪評を貼られパフォーマンス規制を厳しくしたものであったからである。

もちろん、この一事を知っているからといって、「前のホコ天は賑やかだったというのは間違いである」というわけではない。それが人々のイメージであり実感でもあるからだ。

遠くから来た人や事情を知らない人の一言にばかり焦点を当ててマスコミといっしょに不満を漏らしてもなにも解決はしない。

秋葉原に従事してきたものですら、まだその答えは見つけられてはいないのだから。

曲がりなりにも秋葉原を愛しているというのならば「あのときの秋葉原」まで立ち戻ることができただけでもこれほど嬉しいことはない。僕たちはあの戦いの続きができるのだから。

警察や規制との戦いではない。本当の敵はなんなのか。

あのとき、できなかった本当に大切なものはなんなのかを問うこと、その戦いである。

④立て！ 立つんだ！ 秋葉原

歩行者天国がなければ問題は起こらない。

しかし、それでは次代にツケを先送りにすることになる。秋葉原には、それほど大きなリスクを引き受ける責任があるのか。

もしもその理由があるならば「世界のアキバ」を名乗ってきたからだろう。

駅前にあるＵＤＸビルの広場では、歩行者天国がなくなってからしばらくの間、毎週ライブステージが設けられてアイドルが立ち秋葉原を盛り上げた。観光事業の招致やイベントの開催などいくらでも街を盛り上げる方法はあった。

しかし、そんなパンチだけでは本当の敵はノックアウトできないだろう。

都合よく立ち回るだけの社会であれば、そのような大人の心を若者は見透かす。社会全体が立ち上がり問題に正面からぶつかることを実践すれば、きっと閉塞感を破ることができる。

「秋葉原は今」を書かれた三宅理一さんも、秋葉原の本当の力は様々な価値観でごった返しているところから湧いてくるものであることを指摘している。

ただのトップダウンの箱もの街づくりでは情熱は逃げるばかりで必要な哲学も育たないだろう。

世界のアキバの本当の魅力は情熱から生まれる

そんじょそこらで燻《くすぶ》ってるような街じゃない。本当の情熱で真っ赤に燃え上がるんだ！

…もちろん真っ白な灰になっちゃいけないが。

「俺たちの青春は貧しくなんてない」

バーチャルな世界にだって本気の楽しみや本気の情熱、葛藤がある。僕達が本気ならば、瞳の奥に炎が揺らめくはずなのである。若者の文化を信じてくれた社会に今度は秋葉原が答えるべきである。

3　ただの復活ではない大きな社会意義

①不安に勝利し人を信じ自由を獲得する社会

僕にとって歩行者天国の復活は本当に嬉しかった。嬉しすぎて当日の夕方に敢行したアキバパレード（3章で詳述）では、中央通りに差し掛かった瞬間に顔が崩れて泣き伏しそうになった。社会が若者の文化を、心を信じてそれに賭けるという決断を行い不安に立ち向かったからである。英断。英断である。水面下ではギリギリまで慎重派もいたが運営サイドは英断を下した。この判断によって秋葉原は茨の道をゆくことになる。

しかしこれは本当に強い社会の一歩である。

本当の自由とは自ら道を選びとる生きる意味そのものだからなのだ。と、大げさな精神論をいってもまったく過言ではないものがここにはある。

それを次代に伝えることはまだまだ成されていないのではないだろうか。

②メディアは今こそ希望を発信できるはず

歩行者天国再開の報道こそ一時的にされたが、そこに込められた希望を発信するというところにまでは至らなかった。

「パフォーマンスの規制」

「寂しい歩行者天国」

「新しいお店」

という部分がクローズアップされるばかりで、他に語るべき部分を丁寧に説明していなかった。

NHKの「クローズアップ現代」では、歩行者天国運営組織である地元の組合「アキバ21」の会議にまでカメラを入れてパフォーマンス規制に至る経緯が説明されていた。

それでも核心に迫る部分を取り上げるには説明に時間が掛かるので、放送時間が短すぎた感じである。

僕自身もいくつかの取材を受けさせていただき、秋葉原の今までとこれから、メディアのあり方や社会や若者を取り巻く閉塞感を述べた。

アキバパレードなどのホコ天復活運動やその論説にとても興味深く取材を行ってくれた番組でもお世話になった。かなり大きな枠をとってホコ天復活活動がクローズアップされることになった。

しかし番組には製作会社とテレビ局の会議があり、そこでのプレゼンと内容によって放送が決まる。残念ながらもうひとつのところでお蔵入りになってしまった。

よく「ヤラセ」や「ステレオタイプ」の演出が取りざたされるが、本質的な議題を本当に取り上げようとするときに「わかりづらい」という理由で会議で負けてしまうので、結局は放送にすらこぎ着けずに終わってしまうのである。

「こんな復活めったにないんだからね☆！」

自らの無力を共に悲しんでくれた取材班の方には感謝している。自宅にまで来ていただき何時間もカメラを回し続けて秋葉原のことについて語らせてもらえたのは貴重な経験にもなり、その後の活動の糧にもなった。

メディアのいくつかには「この歩行者天国には自由がないのではないか」という切り口でない限り取材対象にはならないらしく、各メディアの方向性も「希望」というものがマイノリティで、基本的に報道のルートを確立されていないことは、よく指摘される。

地元の住民も参加してのパトロールに歩行者天国内で実施されているお掃除のイベント（3章で詳述）、警察の取り締まりとの連携。官民がひとつになろうとしているのが目に見てわかる希望の街を今こそメディアは取り上げるべきだった。

事件が風化してしまうように、希望もすぐに風化してしまう。こぼれ落ちていく希望をきちんと拾っていくのを忘れなければ、メディアは社会に希望をもたらすものになるのである。

保障されている「知る権利」というものがくだらないゴシップばかりに費やされれば一番大切なものを抜き取られた情報ばかりに晒される、そうして社会は衰退していくだろう。

③あの日見た花の名前を僕たちは知らねばならない

２００８年6月8日に起こった秋葉原通り魔連続殺傷事件は、７人の死者と10人の重軽傷者を出すという悲惨な出来事だった。事件の後に現場に設けられた献花台には連日花や飲み物などたくさんのものを供えていく人が後を絶たなかった。

社会を震撼させる事件だったため加害者の身内や被害者と遺族の方への取材も週刊誌に毎週取り上げられて、ワイドショーも連日報道した。

事件のあった交差点はひっそりと日常を取り戻している

日が経ち、献花台は命日などを除いては取り外されて、小さな花のプランターが置かれたりするようになる。ビールの缶や一輪の花、みんながメッセージを書き込めるノートなどが置かれ、ひっそりと亡くなられた方を悼んでいた。

「僕たちはあの事件からなにかを学んだだろうか」

あの場所を通る度に心の中に疑問が浮かぶ。

どんどん少なくなり枯れていく花の脇にはゴミが捨てられていることもあった。

「二度とあのような事件は起こらないようにして欲しい」という願いは届くのだろうか。

分析に始終し答えをはぐらかしたメディア、後を絶たない痛ましい事件、他人を追いつめる言説をやめようとしないネット空間、自らの居場所の不安に怯える若者の心。

今、歩行者天国にあるあの場所に花はない。事件のことは忘れて欲しくはないが、みんなが笑顔で歩くあの場所には必要がないものだから、という遺族の方の意向である。

その意味を僕たちは知らなければいけない。

弱いものいじめや他人を追いつめる言説、希望を削ぎ人の生き方を迷わせ心を弱らせるシステムはもう終わりにしなくてはいけない。

あまりに大きな犠牲の上に立つことになる社会で僕たちにできることは前を向いて笑うことではないだろうか。

再開した歩行者天国は事件のあった交差点付近の道路の封鎖を拡張して自動車の進入を制限している（196頁の秋葉原マップ参照）。

どれだけ規制を厳しくしても最後の最後ではそれを扱う人間を信じるしかない。

安全面に力を注ぎ知恵を絞って街が出した答えを知れば、社会の願いが見えてくる。

歩行者天国を歩くとき、ほんの少しだけ心の中で祈ることで、きっとあの花の名前がわかるのではないだろうか。

4　絶滅危惧種の野生コスプレイヤー？

①秋葉原にコスプレイヤーはいない？

秋葉原によく来る人にとってはもはや驚きではないが、秋葉原にコスプレイヤーはほとんどいない。これが紛れもない現状。地方や外国から来た方も驚くのだが、

「え？　秋葉原ってコスプレイヤーがいっぱいいると思っていた！」なのである。

あらら…日本にはサムライやニンジャがいるんだと思って日本に来る外国の方が今でもいるのかは定かではないが、「世界のアキバにはコスプレイヤーがいる」と思ってやってくるのは当たり前といえるだろう。

「ＯＨ！　アキハバラにはハオウマルもナルトもいないのですか！」

これには話すとながーい、深い深い理由があるのだが簡潔に並べると、まず

「秋葉原連続殺傷事件とホコ天が廃止されたことによるシラけ」だ。

当然である。あれほどの暗い事実を目の当たりにした後でお祭り気分でコスプレでもしようもの

コスプレ文化もルールが複雑化している

ならネットに写真は上げられ叩かれるわけで、なにより気分が乗らない。それで喧嘩やらトラブルでも起きようものならコスプレ業界のイメージは悪くなるわけでとにかくろくなことがない。

先ほどの「ホコ天の戦いの続き」の話と同じで、廃止する少し前に規制が厳しくなった時点でコスプレイヤーはほとんどいなくなっていた。

歩行者天国が復活してもなおほとんどコスプレイヤーが増えないのも同じである。着替え場所がない、勝手に着替えればトラブルや叩かれる要因になる、そして…「鉄の掟」なるものも存在する。

これは暗黙のルールである部分も多く、着替え場所が設けられていない場所（つまりイベント以外はNG）ではトラブルや迷惑になる。

路上でコスプレすること自体NG、男性が女性キャラのコスプレをするのはNG（これはイベントなどにもより近年中国でも流行っているという男の娘というやつ）などなど・・・。

さらにはヒーローショーをやっている付近での同じヒーローのコスプレはＮＧなど、ネタに近いものや人が多く来る場所での軍服系のコスプレＮＧ（戦争ものはデリケートな問題を含むため）や警備員のコスプレなど正式な業務がややこしくなるものはＮＧなど、千差万別だ。

そんなもん初めっからルールを守りゃいいんだよ、といえばそれまで。じゃあなんで長々と書いたかというとここから先に本質的な問いがあるからである。

②俺たちの秋葉原がこんなに寂しいわけがない

コスプレをして秋葉原に来ることを続けた。歩行者天国廃止直前にパフォーマンスが禁止されたときもコスプレで歩き、事件が起こってからもスタンスを変えることなくイベントに行ってはコスプレをして祭りを熱く楽しもうとした。

この頃に秋葉原の群衆の中でコスプレをしていたのは、意地でも自分たちのしてきたことを貫こうという一部の人たちか、まったく事情を知らない人や空気を読もうとしない人たちだった。

少しだけ話は逸れるが、この「意地」というものもそれほど高尚なものではない。

一時期僕はコスプレをするものは「意地を貫き通してやらなければいけないものだ」と思いこん

でいた。

しかしなぜ批判の矢面に立ってまで自ら進んでしなくてはいけないのか。

そんなことを必然としてなぜ背負わなければいけないのか。

ただ可愛い、カッコイイ憧れのキャラクターの格好をしたいだけなのに、昔の「革命闘争」に通じるような魂を背負わされるのか。

ただ温かい平穏な場所を僕たちは求めていただけなのに。

「元気を取り戻そう」

少なくとも今、そう思える人は立つべきだ。

「俺たちの秋葉原がこんなに寂しいわけがない」

自由とは人が勝ち取るものだ。

ルールはトラブルが起こる度に追加されていく。

規則は増え続け自由は少しずつ奪われる。

歩行者天国という文化が失われたままであったとしたら、それもひとつの自由の喪失になっただろう。息苦しい社会が人の心になにをもたらすかは自ずとわかる。

本当に守らなければいけないもの、鉄の掟と呼ぶべきものはなにか。

それがわかれば互いに譲り合い許し合う文化は育つ。文化の本当の強さは体裁やルールではなくそこに宿る精神性ではないか。

ネットで互いに傷つけ合いルールに振り回されることが心の通った文化だろうか。無数の価値観が溢れる世の中、国際社会の時代に生き残れる強さが育めるだろうか。

多様さを認めつつルールの意義を尊重し臨機応変に考え、親切で寛容な社会を守ることこそ僕たちが求める本当の自由なのだと思う。

歩行者天国には猫耳だけをこっそりつけて恥ずかしそうに歩く女の子の健気で瑞々しい心があり、直接「応援しています」と声をかけてくれる方もいる。

心の中で贈られるエールを僕は信じている。

本当に大切な声はいつだって小さく向かい風に晒される。

③誰がためにコスプレをする

コスプレとはなんだろう、なんのためにあるのだろう。答えを出すのは難しいが、コスプレイヤーを見たくてアキバに来ている人が瞳を輝かせて喜んだりする姿が僕は好きだ。

コスプレイベントではなくても、ガンダムのイベントなどでコスプレをしていくと喜んでみんな笑顔になってくれる。歩行者天国でコスプレをしてお掃除をすれば、きっと世界のアキバのあり方を世間が理解してくれるのではないか。

「やっと見つけた!」といって写真を撮ってくれる笑顔の家族がいる。

結婚式のスピーチに使う映像や記念写真のために秋葉原らしいコスプレイヤーを探している人がいる。

そんな一幕だけで僕たちがやってきていることは報われる。

映画のキャラクターのコスプレをして映画館に行く。これはほとんどお祭りのような感覚なわけだけれど「上映中も兜を被っていた」だのデマが流れ、ツイッターで拡散する。ネット社会が嫌悪したマスコミや政治を取り巻く負の連鎖と同じような不毛な争いを僕たちはしている。

こうした暗黙の縛りがなにを生むか。もちろん誤解を生むことがあるから統一ルールをつくっているというのもわかる。

そして、どんな理由にせよ少しでも不快に思った方がいるのならば、その一点に置いて僕はすまなかったといつも思う。

しかし、本当の自由の意味を獲得できるまで僕はこうしたことを問いかけ続けるだろう。

「なんのためのコスプレか」

「誰がためのコスプレか」

もちろん、「なんのためのルールか」も忘れてはならない。

それでも最後の着地はいつも同じである。

「人々の笑顔のため」

それが
「もう二度とあんな事件は起きないで欲しい」

という願いを実現させる社会をつくる道であると信じる。

綺麗にまとめるつもりはない。かといって無数にあるであろう疑問にすべて対応していてはキリがない。本書をすべて読んでいただければ、答えの欠片は見えると信じたいが、とにかく「カラっと」考えて欲しい。

人の笑顔を信じればいい。

麻生太郎氏が首相だった頃、秋葉原駅前に「麻生閣下が来た」というのでアキバは湧いた。駅前には演説を聴くために多くの群衆がいた。

僕がコスプレをしたままで演説を聞いたとき、近くにいた方が、

「おまえみたいな奴は日本の恥だ」

といった。僕はなにもいい返さなかった。

目の前で麻生太郎氏はいった。

「今のアキバは昔のような元気がないですね。アキバはもっと元気だった」

このときは、歩行者天国は廃止されていた。

ルールとはなんだろうか。

ホコ天をお掃除をしているときは、極力歩行者の妨げにならないように配慮し挨拶をして、煙草を吸って休んでいる人には「すいません」と一声かけながら下に落ちている吸い殻を拾う。この場合、ほとんど喫煙禁止の場所である（千代田区は路上喫煙が禁止されている）。

しかしいちいちくつろいでいる人には注意しない。僕たちの姿を見ていつか携帯灰皿を持つくらいのルールを自分で設けてくれればいい、と思うだけだ。

無数に落ちている煙草の吸い殻をみてなにを思うだろうか。みんなが考えてマナーを守っていれば、ここまで厳しい規制ルールなんて初めっからなかったはずなのだ。

本当に守るべきルールとはなんなのか。それを共有できなければ同じことの繰り返しでいつまでも社会は前に進まないだろう。

④あなたの街にもローアングラー？

かつての歩行者天国で問題になったローアングラーと呼ばれるカメコ（カメラで撮影する人）た

ち。結局、棚上げされたままの彼らの行為は懸念通りの道を歩む。

それは三軒茶屋で行われたサンバカーニバルのイベントでダンサーがローアングラーに囲まれたという事件である。事件というほどの大きなものではない小さなトラブルであり、夕方のニュースで簡単に報道されるだけに留まった。

これらの文化の根っこにある考えが浅はかなものであるかぎり、形を変えて必ずどこかに現れる。ローアングル自体が悪いわけではないしルールをはみ出しているわけではない。ただこうしたときに「なにが正しいか」を突き詰めることを怠るといつまでも文化は育たない。

突き詰めるということはルールを設定して線引きすることが必ずしも正しいというわけではない。考えることができる社会を育てること、文化の本質を見極め、人が幸せに生きることとはなんなのかを語ることである。

もっともローアングラー＝秋葉原という構図も適切ではない。別に秋葉原から流れてきたものであるとも限らない。ただここで前述のように秋葉原を基点に情報を発信し立ち上がることで議論を深めることができる。

ネットやアダルト同人誌などに溢れる過激な表現が許されているからといって、それを生業にしている人たちが一般の市民を不安に陥れることは許されるべきではない。

こうしたものは提供する側とされる側で成立しているものなので簡単に止めることもできないし、3章で触れる表現の自由からも止めること自体許されることではないが、練り上げられたロジックの上にきちんと立たせることができなければ文化は迷い続けるだけだろう。

⑤ありがとうの掟

街でコスプレをしていて何度か注意をしてくれた人がいる。

「キャラクターのイメージもあります。不快に思う人がいるんです」

とりあえず謝ってしまう。

自分が思う正義を、勇気を持ってぶつけてきた真摯さはきっと間違いではない。

ただ僕たちはもっと巨大な悪意の歯車を止めるために義によって立っている。

一緒にいた仲間たちも悩んだ。

あのとき謝ることは正しかったのか、それは真摯であったのか、と。

「ありがとうございます」

そうだ、それが一番正しい。その結論に至った。誠意を持って投げてくれた一意見に対して礼を言うことがきっと理であり筋である気がする。

僕たちは仲間だ、という前提に立ち戻りたい

「僕たちは敵じゃない、仲間だ」

同じ文化に惹かれた同志のはずなのだ。

昨日の敵は今日の友、というのはまさにアニメやマンガの王道である。

これから発展していく文化として呼吸を続けるものであるかぎり○か×、白か黒というはっきりとした答えの出ることはないだろう。

だとしたら根っこの部分で仲間であるという共通の理解があるはずである。

互いを疎ましく思うような低い次元の話はもう終わりにするべきだろう。

そして僕たちは仲間であるとしても、皆が皆、大人までもが皆、同じ文化を享受しているわけではない。その存在そのものが、ただ存在しているだけで疎ましく思われることもある。

それは4章で述べる結論に委ねるとする。

5　歩行者監獄・歩行者地獄？

①安全・安心と自由の間で

秋葉原の街の人たちは具体的な取り組みを行うための組織として「アキバ21」を2009年6月に設置する。そして協議して、具体的に「秋葉原協定」というものが制定された。

これを見ると安全、安心が第一の街づくりであり歩行者天国の再開に向けてアキバ21の方々が苦慮した流れが見えてくる（この頃はまだ復活の意向というわけではなく、安全安心が確保できれば復活の話が浮上してくるかもしれないという具合であった）。

看板はあちこちに立てられて街のあり方を徹底してアピールしているように見えた。

事件の後に監視カメラの設置から始まった安全な街づくり。

今のアトレ1の駅ビル工事が着工してからは駅前のチラシ配りも禁止になっていてよけいに秋葉原の街は閑散とした印象に変わった。

歩行者天国復活の是非さえもほとんど問われなかった当初だが、ＡＥＤ設置の署名を募るもの、僕のようにアキバパレードのチラシを撒くものがいた。

名物だったメガネスーパーの店頭ラップ呼び込みも移転のため見られなくなった。

「路上パフォーマンス、路上ライブは禁止です」の看板もあちこちに立ちコスプレイヤーもほとんど姿を消した。

停滞した秋葉原に新規参入した店舗も多数あり新たな黎明期を迎えるか、ありふれた街になってしまうかの瀬戸際だった。

秋葉原協定の看板

②我々はなんてたくさんのことを学ばなければならないのだろう

弱いものがさらに弱いものを叩くという構図はいつになったら変えられるのだろうか。安全地帯から他人を攻撃し、弱いものや人と違ったものを疎ましく扱う。そんなことを生業にしている人はもしかしたら本当に辛い人生を歩んできた人たちなのかもしれない。

なんと貧しい心なのだろう。

それが当たり前のようになっているのならば、いちいち傷つくことは虚しく辛い。育ってきた環境の違い、文化の多様性で片づけてしまうのは、本当にそれぞれのためになるのだろうか。

「風の谷のナウシカ」の原作でナウシカは様々な文化に生きる人々を目の前にして自分の理想とする平和な世界がいかに遠くにあるかを悟る。

「私たちはなんてたくさんのことを学ばなければならないのだろう」と。

事情を知らないミュージシャンが突如路上ゲリラライブを敢行し注意を受ける。秋葉原の社会の文脈が読めずにただ悪ふざけをするものもいるだろう。募金を装った募金詐欺や置引。

安全安心を街が掲げても、それを知らない若者は同じ過ちを繰り返すかもしれない。その温度差が誤解を生み新たな対立を生むこともある。

実社会を生きていく上で必要な知識は多くあり日々の暮らしの中ですり減った心を癒すものは容易に手に入れられるものではない。

しかし本当に大切なもの、というのはそれほど多くはない。

大きな震災を経験した今の暮らしの中からなら本当に大切なもの、ままならない現実、それと真摯に向き合える公平な社会の土壌を生み出すことができるのではないだろうか。

秋葉原の街が人々の相互理解を促す一助になることを望んでやまない。

③我々でつくる歩行者天国

厳しい規制の中で復活した歩行者天国。

これこそ苦心の末に生み出されたものであり、社会を考えるにあたり絶好の素材になると思う。

人を信じる強い社会を選んだ秋葉原の勇気に僕たちの文化が応える日はもうすぐそこまできていると信じたい。

東日本大震災という大きな困難を迎えてなお同じトーンで語ることはできない。

しかし「世界のアキバ」という武器が日本をがんばろうとする時代になにがしかの力になれるのではないか、いや大きな力にして見せよう、と僕は思うのである。

「ルールのためのルール？ 道徳のためのルール」

ルールのためのルールになってはいけない。大切なのは人を幸せに導く文化を築き上げることだ。

人が笑顔になれる世をつくるためだ。

ルールというものを咀嚼しモラル（道徳）という血肉にするには、そのルールというものの存在意義を理解しなければいけない。

ときにそのルールに抵触するような行いがあった場合は、同じ仲間としてよりよい解決法を探す道を歩むべきである。

文化が寛容であれば多様性も生まれ発展する。なにを許しなにがいけないのかを本質的に明らかにするときに道徳の真価がきっと問われるだろう。

「世界のアキバ」の自覚

学問のススメで福沢諭吉は「どれだけ不満であっても正当に訴え法を変えるまでは法に従うべきである」という意を述べている。

これを今までの話に当てはめるとその論理を逸脱するか、というとさにあらず。なぜなら「法的な拘束力はない」からだ。

それどころかすべての人間には幸福になる権利が保証されている。

だとすれば、いたずらにルールのことで争い個人を攻撃することは当事者の幸福権を侵すことにもなりかねない。

「だったらそれは私の幸福権を侵害する」

といった類の稚拙な感情的議論はもちろん抜きだ。

警察も厳密にいえばパフォーマンスを規制したりするこ

とは「通行の妨げになるから」という理由を拡大させているに過ぎない。

「破防法」「迷惑防止条例」などを拡大解釈して行使すれば、社会はいくらでも個人から自由を奪うこともできる。

厳密な正しさなどというものはない。逆に自由を行使する権利も多数認められている。

それを扱う人間や社会がどれだけ成熟しているかが問題なのである。

本書のテーマのひとつである「文脈を読むこと」「点ではなく線で、面で物事を考える力を持つ社会」が必要になってくる。

愚かな法は愚かな民の上に立つ、と福沢諭吉も諭している。

秋葉原の歩行者天国が再開され自転車の走行やタバコは厳しく取り締まられるが、簡単な写真撮影くらいは大いに許されてきている。

今のホコ天では観光客がコスプレイヤーにカメラを向けて立ち止まっているのをいちいち注意するほど野暮ではない。

それでも警察官の目の前で同じようなことをしていたら、それは挑発行為になる。ホコ天再開の初日はその限りではなかったとはいえこれも社会の文脈である。

目に見える形で如実に街がつくられているのがわかる。

それが今の秋葉原である。

④コスプレイヤーは注意しないでください指令？

再開された歩行者天国では地元の住民と有志の市民でパトロール部隊が結成されプラカードを持ち巡回し治安を維持している。

再開当日は警察官も厳しい規制を敷き、コスプレイヤーが写真を撮ることを頼まれてもポーズをとろうと立ち止まれば笛を吹かれて注意を受けた。

トラブルを起こさずにホコ天を完遂するという意志。毎週ホコ天に来てコスプレをしていると少しずつ規制が緩くなり「自転車で走行するものは徹底注意」や「通行の妨げになる流れを持つ立ち止まりや座り込みへの注意」はあるものの柔軟な対応をするようになる。

コスプレイヤーに写真撮影を頼んでいる観光客を注意するようなことはしないが、コスプレイヤーもこうした事情を知っているものは過度に立ち止まったり長い時間の撮影を遠慮して手短に済ませた。

初日から数週目までは、「立ち止まると注意されるので歩きながらでもいいでしょうか？」と観光客に説明しながら写真を撮るという妙なやりとりをしなくてはならなかった。

今現在ある程度の範囲なら写真撮影が黙認されているのを見れば運営側とそこに訪れる人たちと

の会話がこんな形でなされていることがわかる。

「コスプレイヤーの方は注意しないでください」という指令が歩行者天国再開から数週間後の昼のミーティングで発令された、という。

それはコスプレイヤーも街をつくる人の中に含まれてるということであり、必要とされていることの現れでもあった。この一歩はとても大きな一歩である。

⑤合格！　俺たちは勝ったんだ・・・

２０１１年１月23日に再会された歩行者天国は、６月末までの試験運用だった。つまり問題があれば７月には廃止されていたのであり、僕たちにとっては大きな問題として注目していた。トラブルが起こらないように、そして社会に理解されるようにとお掃除ボランティアをしては６月には継続を請願する活動も予定していた。

掃除活動をしていると後ろから「ありがとう」とアキバ21の方にお礼の言葉をいただいた。歩行者天国復活に向けて声をあげてきたが、実質は無力であったのかもしれない。

運営側の理解を得られているかもわからない中で勝手にやってきたことだったので批判もあった中、「僕たちは認められた」ということが嬉しかった。

「この希望があれば社会は変えられる」という確信があった。

歩行者天国運営サイド「アキバ21」の会長との会談も経て街の方との繋がりを実現することもできた（4章で詳述）。

そんな最中に起こったのが3月11日の東日本大震災である。

紡いできた希望が一気に崩れさるような感覚だった。

僕たちの住んでいる世界が根底から覆るような失望にしばらくはなにも考えられなかった。侃々諤々《かんかんがくがく》やってきたことが、全部遊びでしかなかったかのように価値を見失った。しかし今、日常に戻れた多くの人たちは今までと同じロジックをなぞり生きている。心の中にぼんやりと「震災後」という概念を共有しながら。今ならば希望が通じるのではないか。正式運用が始まった秋葉原の歩行者天国だったらなにかができるんじゃないか。

震災後にも日常を生きなければいけない僕たちは日常から希望を紡ぐ術を持たなければ心が疲弊してしまう。今、世間を見渡せばアニメやゲームで溢れかえっている。その全部が「あなたの近所の秋葉原」というわけではないが、勝手なイメージを押し付けられてきた秋葉原がここから希望を押し返せばいい。

だから僕たちは今、秋葉原なのである。

第2章　「こんなアキバで大丈夫か」

〜…問題ない！〜

1　誰にも語り尽くせぬ秋葉原の特異な魅力

①そうさ今こそサブカルジャングル・アドベンチャー

秋葉原を語り尽くすことは事実上不可能である。

毎日通い続けるアキバの住人（秋葉原に住む人や秋葉原で働く人）でさえ、日々ド派手に変わっていく店頭のディスプレイや新しい店舗に驚かされる。

数ある店を全部回るなんてこともお金がなくてはできないだけでなく、ひとつひとつに通い詰めなければその本当の魅力やディープな部分まで入り込むことはできない広く深い世界になっている。

本書で述べていることだって偏りもあるわけで、秋葉原はサブカルチャーの街ではあるが、電気の街でもある。

電気街口の改札の内側に「でんきの礎」というモニュメントが寄贈されている。よく来る人はチラッと見たことはあると思うが、よく見てみると秋葉原が社会に貢献してきたものが垣間見えて感慨深い。
戦後の闇市から始まりラジオの部品を無数に取り扱う場所として賑わい「ものづくり」の文化の底上げを担ってきた秋葉原。

ジャンク街と呼ばれるパーツ屋の並び

家電量販店も全盛を迎えゲームやパソコンの普及、そして2000年代に入り萌え系の文化であるメイドカフェや同人誌が盛り上がり、オタク文化が台頭する。

独特の動きのヲタ芸や路上アイドル、コスプレなど多様なものが秋葉原の代名詞のようになり、オタク狩りやメイド狩りなどという事件も取りざたされてセンセーショナルな問題になった。

一時期、ホコ天やオタクをネタにしようとする報道にうんざりして秋葉原に見切りをつけたオタクたちが中野を第二の聖地として選び盛り上がった。

池袋も「乙女ロード」と呼ばれる腐女子（ボーイズラブと呼ばれる男子同士の恋愛を描いた作品を好む女子の通称）の聖地がある。池袋では歩道も広く歩きやすいので、こちらも歩行者天国を失った頃には秋葉原に取って代わる聖地になるのではないか、と盛り上がりを見せた。

それでもなお秋葉原が好きな人は、このゴミゴミした街全体がおもちゃ箱のようなで好きなのだという。宝探しのように街全体で中古ゲームを漁ったりジャンクパーツを見ていくのがおもしろいのだ。

秋葉原では「コスプレイヤーがいない」というイメージとのギャップもそうであるし、「ジャンク街に行けばパーツがなんでも揃う」というイメージで来られて困る場合もあるという。お店の方も下手な説明をしないように気を使わねばならず「どこどこに行けばありますよ」と断定することはトラブルになりかねないので控えているのが伺える。

もしかすると求めていたものが見つからずに冷たくあしらわれる場合があるかもしれないが、それも加熱した秋葉原のイメージにより起こった歪みのひとつであると理解するしかないだろう。家電量販店があれだけひしめいている中では小さな個人の家電屋さんがどれだけ大変か想像もつかない。

10年ほど前にデジタルカメラを探しにいったときの話。街頭で呼び込みをしていた小さな店の方に話を聞くと、路地裏の店に案内されていろいろ資料を渡されて値段の相場を聞かされた。

「へ～～」

と素直に納得してお店の方がススメるままに購入しようと決断する。

ふと手渡された雑誌の発行日を見ると、それが3、4年も前のものであった。

「おーーー怖っ！」

そこのところを店員さんに突っ込んで聞いてみると、ＹＫＫ（大手の頭文字を取って）がどうしたこうした大手に勝てるわけがない、と愚痴を聞かされてしまった。

近年どこでも大型量販店や大型ショッピングモールの展開で問題になっている消費の偏りがある。こうした小さな個人店の消費も支える知恵を絞らなければいけないのかもしれない。

秋葉原＝家電が安いというイメージは少し前までは一番短絡的に描いてしまいがちだった。

もちろん、ジャンルによってはそんなものもあるが、ネットの普及により大型量販店までもが2つの意味で根をあげる底値の取引が増えてきた。

こういう場合は「秋葉原まで来て買う」という冒険を楽しむのが正解だろう。

ドン・キホーテじゃないが、ジャングルのような品ぞろえの街中をかき分けて街全体をテーマパークだと思って歩いて欲しい。

「ひだりって、お茶碗を持つほう？　いや、ラジオ会館、ゲーマーズがあるほう、みぎはお箸を、いやガンダムカフェがある方です！」

秋葉原に来る人はとにかくリピーター率がハンパでない。何度も秋葉原に来たことがある人が多いという。よく来る人はどこになにがあるのかまで詳しく知っていたりする。

秋葉原に来るときは少しくらい知識があったほうがおもしろい。

電気街口を出て左に行くと世界のラジオ会館と無料案内所のあるゲーマーズ、右に行くとガンダムカフェやＡＫＢカフェがあるＵＤＸビル方面。中央改札口はアキバのヨドバシカメラ。

歩行者天国を実施している通りが中央通りで、ＡＫＢ劇場（８Ｆ）のあるドン・キホーテが真ん中辺りにある。

これくらいは覚えておくと把握しやすい（１９６頁のマップ参照）。

②日替わり別世界は弱肉強食ワンダーランド

秋葉原の街はとにかくサイクルが早い。メイドブームでたくさんできたメイドカフェも次々に潰れてはまた新規の店ができている。最近はリフレクソロジーをうたう店が撤退と進出を繰り返している。ホコ天廃止していたころに秋葉原熱が冷めたところを狙い、まったく秋葉原とは縁がなかったものが店を立ち上げ、しっかりしたサービスで功を奏している店舗も多い。

通りをひとつ裏に行くと熾烈な客引きビラ配り合戦を見ることができる。

「段ボール入り肉まん」として肉まんの中に段ボールの断片が肉の代わりに使われていたという疑惑事件をパロディにした「段ボールの容器に入れた肉まん」屋さんも一過性だが話題をさらった。まるでウェブの世界で一時だけ話題になる1日ヒーローや1日アイドルが生まれるごとく流行り廃りを具現化するのも時代を反映している。

麻生太郎氏をモチーフにした大きな看板も含めてタイムリーに変わる世界の断片がところどころに残っているのも散見できる。「～電器」や「～無線」という屋号が見えるのも秋葉原の電気街のかつての激戦の名残があり感慨深い。

大きなヨドバシカメラの出現と電気街の生き残り戦略、UDXビル方面の秋葉原再開発事業戦略などを軽く頭に入れておくと何倍もこの混沌状況が興味深く映る。

秋葉原は商人の街であり、激動の時代を生き抜いてここまで発達させてきたことで無数のドラマが生まれている。反則すれすれの商売（最近は取り締まられつつある）が裏通りでも見られ、怪しい闇市の魅力がまだ残っているといえる。

生き残りという意味ではエロ同人誌などに見られる男性向けアダルト文化が強いというのも納得がいく。

飲食店の数もグンと増えオシャレ化し、典型的なオタク像であったバンダナを頭に巻いてリュックと紙袋に刺さったポスターというのも大分稀少な存在となった。

見るからにオタクという人が減ったというのは前から指摘されている。しかしオタクが脱オタしたわけでもなく深化し増えていることから文化全体が呼吸し着地点を模索しているようにも見える。

独自の価値観が社会の理解を得られれば一番いいのだけれど、その理解自体を望んでいないからこそ偏狭で個性的な文化になったともいえる。

しかし閉じられた文化の中で満足しているだけでは文化は先細りしていつか意欲的な別のものに食われてしまう。持続可能で世界に通じる文化のありかたを模索することが必要だろう。

③でんきの礎

電気街口改札前に飾られてある「でんきの礎」は、社団法人「電気学会」が設けた顕彰であり、「21世紀においても持続可能な社会」と「社会生活に大きな貢献を果たした電気技術」の価値を認めるものである。

その第1回（平成20年10月）で見事に「秋葉原（秋葉原駅周辺の電気街）」を受賞対象にして秋葉原電気街振興会に贈られた。

約25年以上の経過がなければ対象にならないものであるこの顕彰を鑑みると、秋葉原の代名詞で

秋葉原駅の改札口にひっそり佇む「でんきの礎」

ある萌え文化もまだまだ歴史が浅いものであるようにも思える。

といいつつもインターネット普及から今に至るスピードを考えると歴史の感覚が通用しないいくらい文化を支えているものは急速に様変わりしている。

長い歴史を持つ秋葉原が関東大震災と東京大空襲での焼け野原をくぐり抜け、交通の要所となる立地の特性から独自の市場を形成しラジオ、家電製品、パソコンの普及に大きく寄与し、そのままゲーム、アニメなどのサブカル文化の流入を経たことを考えることで「秋葉原から文化と街の歴史の流れを学ぶことができる」というのも魅力のひとつといえる。

「IT」を打ち出し「ものづくりの国」を旗印に秋葉原を新しくデザインしようとした行政側、アキバ文化はそれに応えられるなにかを提示しなければ期待と信用を得ることができずに凋落していってしまうのではないだろうか。

日替わり別世界の情報革新をもたらした土壌にあるのは礎となる昔の人たちの英知があってのことなのである。

その心情を汲み街を歩くと秋葉原はさらに立体的に胸に迫る。秋葉原が一枚岩ではないことを電気街の入り口に佇む「でんきの礎」が示している。

「ものづくり」という視点からオタク文化はただ「受け身」であるように見られるが、同人誌の技巧の高さ、ボーカロイドなどのソフトで作成した楽曲、アマチュアが作成するフィギアのディティールが世界に通じるレベルに達していることを考えると光の当て方ひとつで秋葉原のオタク文化はとてつもなく「ものづくり」としての側面も立派に評価をされる。

みんながみんな小さなクリエーターとしてスキルを発信することを岡田斗司夫氏は「プチクリ」と呼んでいる。

その象徴として掲げられる秋葉原は大げさに言えば街全体が無形文化財のようなものであり「クールジャパンの礎」と呼んでもいいのではないだろうか。

2　深層化し分岐したサブカルはバベルの塔になるのか

①言葉の通じぬバベルの塔

バベルの塔といえば、旧約聖書の「創世記」に出てくるもので「神に届くほどの高い塔を建てようとした人間の驕り」の象徴としてよく引用される。

結局人間たちは互いの言葉が通じなくなるという神の業により混乱に陥る。

バベルの塔でも象牙の塔でもなんでもいいが、とにかく知識が偏りすぎると互いに言葉が通じなくなる傾向にあるのはよくあることだ。

秋葉原やネットから生まれた言葉にも造語が多く「リア充」や「ニコ厨《ちゅう》」や「DQN《ドキュン》」などはわかりやすいところだろう（197頁参照）。

このことが良いことかどうかは別にしても、あまりかけ離れすぎるのも感覚を狂わせる。子供がよく自分たちの間でしか通用しない秘密の言葉を持って楽しむのと似ている。

若者が遊んでいるのならまだしも、結構な大人が当たり前のようにリア充だなんだのと他人との間に境界線を設けるような言葉を安易に乱用するのは害にさえなる。

しかし言葉は常に新しく生まれるものであり、たいしたことではないのかもしれない。

この項でいいたいバベルの塔とは
「みんなで共有できるものがなくなった」

という部分だ。サブカルはいろんな分野に枝葉を広げてひとつの分野を極めることさえままならないほど深化している。

たとえば、ゲーマーの間でさえもゲームのジャンルが多岐にわたっているために互いに共通するものがなかったりオタク同士でも「ニコ厨」内での価値あるものとそうでないものとの間の温度差にものすごい開きがあったりする。

自分が大好きである作品のシリーズを語っても誰も話についてきてくれないのはやっぱり寂しい。

これは秋葉原だけに限らず歌や

中級アキバユーザー「茜みどり」ちゃん
by アキバへ恋！

アイドル、テレビ番組にも言えることで、現代特有の「大きな物語が終焉してしまった」ことによる。

②サイクルが早すぎて埋もれる作品たち

「今期のアニメはなにを見る?」

とサイクルの早い大量生産の中での消化の仕方も様々である。

サイクルが早いのと量が多いのでなにから手をつければいいかわからない場合はとりあえず本流を抑える、という手がよく使われる。

ビジネスマンの間でも「文化のトレンドを抑えるためにジャンルの中でメジャーな作品にいくつか触れる」というのは有効だとされている。となると、ガンダムならファーストガンダムと呼ばれる「機動戦士ガンダム」、あとは「エヴァンゲリオン」「涼宮ハルヒの憂鬱」「ワンピース」「ジブリ映画」辺りだろう。

これらの作品はただ語り継がれる伝説というわけではなく現在進行形で広がり発展しているものなので新しいジャンルを獲得することができる。

かといって、モチベーションもなく、いたずらに作品を漁るのもなかなか難しいものである。そういう場合は外堀を埋めればいい。中国を始め世界で受け入れられ熱狂されているとはいえ「若者」

がターゲットであることが多い文化である。

そうなると、壁は「大人」であり新規の大人となるとその敷居を越えるのは難しい。大人は社会的な視点から見て「世界に通じるコンテンツとしてのアニメ、漫画」と捉えると入りやすい。

2Dのアニメーションの技術の高さは日本のお家芸として認知されている。3DCGの技術が発展して世界のアニメーションはそちらの技術に傾倒し日本の作画は「伝統芸能」のような存在になるのではないか、とスタジオジブリのプロデューサー鈴木敏夫氏も語っている。

手塚治虫氏が地盤をつくり「鉄腕アトム」から発展していったアニメ文化という見方をすればその脈々と受け継がれてきた「ものづくり」の精神とビジネスモデルも見えてくる。

世界に通用する技術とその生き残りをかけた展開、お台場に立った1／1ガンダム立像なども踏まえて考えると「たかがアニメ」などではなく密接にリアルな世界と関わっていることが見える。こういった外堀を埋めれば若者のサブカル文化への関心とモチベーションづくりも容易にできるのではないか。

逆に、今度は若者が越えなければいけない敷居はなんなのだろう、と考えるとつまらない社会への理解ではないか。若者が社会を理解することは同時に社会が若者を理解することにも繋がり、新しく広い価値観を有した若者の文化は弁証法的に一段階高い理想の社会を見いだすだろう。

そのためにも「共有できる言葉」を見つけだしたい。

③恥ずかしがっていたら損だぞ？

秋葉原には、様々なポスターや看板に今流行りのアニメ、ゲーム、マンガ、などが描かれている。知らない人にとっては興味の喚起はないかもしれない。

萌え系の絵が好きだとかならともかく媚びるような肢体に嫌悪感を抱く人さえいるだろう。萌えアニメなどがダメな人は多少の免疫をつけておかないといけない。

作品には様々な魅力があり絵が好きで見ている人もいれば、シナリオの深さを楽しむ人もいる。騙されたと思って最後までいくつか作品を見れば偏見を解消できる魅力を見つけることができるはずだ。

僕自身、女性の胸を強調して揺らす描写がダメで、デジタル・ハリウッド大学で一般にも開かれて行われていた講演会でガンダム００の「水島精二」監督に質問したことがある。

「女性の胸が揺れる描写などは、たとえば視聴率やなんかの関係で強制されて描いているのでしょうか？」

監督がいうには、あれらは作画班の遊びの範疇でありエフェクトのひとつとして指示が書かれていたりするもので、監督は自分でそれを消したりもするらしく、特にシステムとして組み込まれているわけではないのだという。

こうした事情を知ることでもわだかまりは大分解消されていった。

「反重力スカート」という言葉がある。

これは簡単にいえば、普通はスカートがめくれてしまう場面であっても、女性の下着が見えないようにスカートがめくれずに重力に反している描写をいい、どうしてもその女性キャラクターのパンチラを防ぐ場合などに使われる。

キャラクターへの愛情や自主規制でパンチラNGにするというのもなんとも健気な試みで僕は支持したいが、リアリティに拘る場合、逆にパンチラくらいないと不自然だといえる。

胸の揺れる描写などもリアルに考えれば確かに不自然ではない場面もたくさんある。

かといってディフォルメが効くアニメやマンガでそれを描写することは意味が違ってくる。いちいちそんなことを気にしていてはセクシーな抱き枕カバーなどが店頭のディスプレイに並ぶ今の秋葉原の街を楽しむことなどできないので、カルチャーショックを楽しむくらいのノリがいいのかもしれない。

「恥ずかしがっていたら損」とはよく使われる言葉であり、真を突いているともいえる。

しかしこれは本当か。

これも物事の一面にすぎない。このあたりのメンタリティは今の文化を解く上でとても重要であると僕は認識する。

よく日本は「恥じらいの文化」といわれるが、恥じらいあっての日本文化がある。それは日常の些末な行動様式にも見られるものであり、日本人の国民性を繁栄している。

恥ずかしがっていたら損、という言葉には恥じらいという感情にはなんの重きも置かない意がある。

僕としてはそれもそれで損のように思えてならない。しかしこれに関してはケースバイケースである。

自分を人見知りと規定して知らない人との接触の理由づけにしたりすることは、自分の可能性を蔑ろにする場合もあるし他人への礼を欠くことがある。

「恥ずかしがっていたら損」

というのは確かにそうなのだけど、僕は
「恥ずかしがっているあなたの心もとても大切なものだ」

といいたい。その心を持ちながら一歩を踏み出すことで遊び心の可能性を知ることができるのだから。

「恥を知れ、けしからん」

と怒る大人の方も多くいらっしゃると思う。しかし現代の性風俗や僕たちのつくってきた文化を鑑みればディフォルメして開き直ったアキバ文化のほうが潔いともいえる。

かつて戦後に開かれたレストランではメイド服姿の女性を見るために仕事終わりの男性で賑わったという昭和の時代もある。人は人でありいつの時代もそれほど変わらない。18世紀くらいの文献には現代と変わらない悩みを抱える人々がいる。

どちらにしても「世界が認めるクールジャパン」のサブカルチャーは日本を語る上では今や外すことのできないものである。色眼鏡で若者文化を見ていては一歩も前進することがない。

難しい文学や映画もそうだけれど、外野から語ったりする前に飛び込んでみるのが一番コストパフォーマンスが良く理解に繋がる近道だといえる。

近道といいながらも深化し枝分かれしたものが多く「ガンダムシリーズ」ひとつで世代によって触れているものが違い題材にしたゲームまですべて押さえようと考えると目眩に襲われるだろう。

④世界のジャパニメーションのワケ

日本のアニメが世界に受け入れられたのはそれがただ単に「良質な作品であるから」という以外にビジネス的な理由がある。

たくさんの人が関わるので嵩む制作費の問題があるが、海外では日本の作品を買って放送するのがコスト的に良策であるという点だ。

手塚治虫氏を始めとした過酷なペースでの労働条件の元での制作が、結果的に世界のジャパニメーションになったというのである（「アニメビジネスがわかる」増田弘道著・NTT出版より）。

国策として中国ではたくさんのアニメがつくられている。単純に作品すべての総時間を足すと日本のそれを越えているという試算も出ている。

日本でもアニメやマンガに対する社会的な評価をもっと高めるべきであり「アニメ学の学位」を設ける提言を広島大学の村澤昌崇（むらさわまさたか）氏もされている。

それでいてただ、キャリアを制度化し過酷な環境を改善すればさらに発展するわけでもないことも氏は指摘され、過酷だからこそ良質なものが生まれたのではないかという点も見据える。

世界での日本のアニメが評価される点において細かい設定というものがある、といわれている。「機動戦士ガンダム」でわかりやすいように子供向けのアニメとされていたものにリアルな世界観と緻密な設定を盛り込んでアニメを革新に導いたものがある。

その作品群を愛するものたちが続きディティールは歴史とともにさらに磨かれ現在に至る。

これは指摘があった制度ではなく作品への愛から生まれた結晶だといえる。

「鋼の錬金術師」では錬金術という便利な術の裏側で等価交換の法則という「なにかを得ればな

にかを失う」というシビアな哲学を貫くことにより真実に迫った深い作品となる。

「るろうに剣心」では逆刃刀（さかばとう：刀の峰の部分に刃があるため人を殺す道具ではない）というものを挿すことにより生まれる矛盾と葛藤を描き真に迫るテーマとなった。

深いテーマを抉った作品はアニメやマンガだからこそ浮き彫りにできる真実がある。

そういったものを表現できる場に高められたアニメやマンガだからこそ世界中に愛されているのだろう。

⑤みんな！　スタジアムに来て試合を応援しようぜ！

アニメーターの低賃金での過酷な環境も懸念されている。データが不足していて実状の把握がなかなかできなかったが、近年はその実態が明らかになり解決策を模索している。

漫画家なども過酷な作業であることが知られているが、職種によってこうした現状が散見される。世界に誇るコンテンツとしてさらに発展させるには人材育成や環境の改善が求められる。違法コピーや違法アップロード、その利用などにより制作サイドの資金回収に打撃が出ているのも大きな問題になっている。

放送を逃してしまうとＤＶＤなどの発売を待たなければ視聴できない、というのも、アニメファンからすると酷な話で新規の仲間を増やすために動画をアップロードして不特定多数に見られるようにするという心理もわかる話だが違法である。

最近は、放送から1週間だけはインターネットでも見られるという処置があったりするが、これもただ見逃した人を救済するものに過ぎない。アニメのサイクルが早いこともあり、どれが爆発的に人気が出たりするかわからないので数週遅れでチェックすることもよくある。

放送と同時にインターネットでの課金配信をするというのが理想のように思えるが、ネット環境が整っていないものや子供にとっては厳しい。今後インフラが整うことが期待される。

アキバ初心者「風鳴若葉《ふなれ》」ちゃん
by アキバへ恋！

映画館で上映を行い（またはテレビ放映）それから映像ソフトとして資金を回収する。

さらにケーブルテレビで放送、地上波で放送、関連グッズ、音楽、イベントの売上などのサイクルで作品は潤っていくが、テレビでのスポンサー収入などの減少により業界は苦境に立たされている。

こうなってくると、当たり前のように無料で視聴してきたテレビアニメというものの受け取り方も変わっていくだろう。

農家の人の苦労を知れば米一粒を残せないのと同じように、アニメ界の苦労を知ればアニメのありがたみがわかってくる。

サッカーのサポーターが
「みんな！　スタジアムに来て応援しようぜ！」

とサッカー界を盛り上げるために声をあげるのと同じように
「みんな！　ＤＶＤを買ってアニメを応援しようぜ！」

と声高に叫び産業を盛り上げるように叫ぶべきなのかもしれない。

アニメを守ろう。

⑥炎上

ネットの炎上について。絶えることのないネットの誹謗中傷や犯行予告のいたずらまで不毛なことが続く。

本書のテーマのひとつは「自分の人生を生きろ」である。

連続殺傷事件に繋がる掲示板での書き込み。自分を追いつめるもの、そして追いつめる行為をすること、それに荷担すること、すべて自分の人生を生きることとは違う場の空気に流されたものにすぎない。

批判の書き込みをする人は、大抵一部に過ぎない。さらに粘着質に固執するものはその一部。それでも個人も企業もそんなものに苦慮しなくてはならない。

大きな機関などに寄せられる中傷の対処は決まっていて「反論しない」ということになっているという。相手は本当の議論など求めておらずただ自分が正しいということを主張したいだけの場合がほとんどであり言葉を返すこと自体が本来の意味を失うからだ。

報道機関に突き詰めた報道を求めたとしても炎上を収束させるために沈黙を守るしかなくなる。それは結果として真実をうやむやにして思考放棄を助長する。

結局は情報の扱い方による。実情とは違う、気のない「ほんのいたずら」かもしれない。しかし活字で運ばれたものはそんな心の機微まで乗せられずに一人歩きする。それがまた次の火種を呼び人を傷つける。

手綱をしっかり握りコントロールしなければ、情報が主体になり事実は翻弄される。

僕自身の炎上体験からすると膨大な量の否定的な情報に晒されると本能的にネガティブな心境に引かれてしまう。個人がどれだけ強く意志を持とうと疲弊する。言葉ひとつも刷り込まれるように暗示を受けて自分自身に疑いを持ってしまうようになる。

「文脈」の話でいうと特定の場面や記述を掻い摘んで並べて自らの論旨にする。結局それ自体がどれだけ信用のあるソースであろうと、並べ方でいくらでも事実を曲解して相手を貶めることなんてできてしまう。

かつてノストラダムスの予言書にはなんの根拠もなく他の長編小説から掻い摘んで引用することでなんにでも適応できる、ということを反証した科学者がいたがそれと同じである。

ここでも情報の特性を見抜かなければいけないというリテラシーが問われる。

社会的に影響力を持ったものが細やかな説明をするのは当然の責任としても、基本的に炎上のコメントに対抗することはいけない。低い議論をしてはいけない。相手にしてはいけない。

そこで議論が始まり成立してしまうことで見上げて戦わなければいけない「もっと大きな敵」を見失ってしまう。

安全地帯から攻撃をする人は、自分が安全地帯にいるからこそ安易に攻撃ができる心理に立つことができる。本当に攻撃側は無傷だろうか？

「他人を追いつめるその言葉は自分自身の言葉を偽りで塗り固めることになる」

心のない言葉を使えば、それだけ自分の心もすり減りなくなっていく。

「あなた自身のためにそんな言葉を使ってはいけない」

こういわれると、いわれた側は自分のことを心配されているので言葉を納めなければ格好がつかなくなる。

これは僕がよく使うロジックだ。論理的に本当にそう思うから僕はよくこの手の言葉を使う。

それでも大抵は炎上というのは終わらない。「マジレス」と呼ばれる真面目な返しは、空気を読んでいない扱いをされるだけで、論点をブラさずに追求していくと、ただ相手は沈黙して終わる。

「日本人は出る杭を打つ」

よくいわれている日本人がもっている独特の空気であり、インターネットの利用でもそれが現れているという。アメリカなどではもっと積極的にネットの可能性と希望に目を向けている。

日本人の独特な恥じらいの文化やメンタリティが生んできた文化や特化されて花開いた才能もあるだろう。

しかし、ここから先さらなる高みを社会が目指すのであれば自らの国民性に欠けているものを補うことをしなくてはいけない。

「サイバーテロについて」も同じである。

愛国心の発露として他国のサイトに大量の情報を流してパンクさせる嫌がらせや単純にウイルスの作成など今、簡単に大がかりな混乱を招く行為が可能な時代に来ている。

サイトの炎上や誹謗中傷の議論と同じく愚かすぎることで愛国心どころか人類を衰退させる所作に他ならない。同胞の恨みだとか、大企業への当然の報いだ、としてゲーム感覚で他者を傷つけるのは暴力と変わらない。

僕は絶対にこんな歯車で自分の心を動かされたりはしない。

なぜなら、

「争いのない世の中が来ることを真摯に考えているからだ」

ゲーム感覚で簡単に人の心など利用され他者を傷つける道具にされる。その歯車に荷担する、ということはきっとあなたたちが憎むものを生んだものと同じ歯車で動くことになる。

人間1人1人が強大な武器（文明）を持ってしまった現代には心の成長が必要不可欠である。

「自分のやっていることがわからない」

これほど人間の存在を貶めるものはない。クリックひとつで痛みの伝わらない世界に生きる若者は、それを知らねばならない。逆に言えば、これは単なる認識の範疇の問題であり、パソコンの向こう側の人間が無慈悲な人間であるわけでもない。

それこそが実体と感覚を遊離させ相互理解の溝ばかりが深まってしまい、際限のない不毛な不安をつくり続けてしまう所以である。

3 俺たちの合言葉

①逃げちゃだめだ！　アニメのビルドゥングスロマン

日本のアニメやマンガには「ビルドゥングスロマン」という主人公が葛藤を繰り返し成長して強くなるという人間らしい姿があるという。

子供向けとして型にはめられてしまう世界のアニメーション事情の中では、日本アニメの高度な物語は評価を受けている。

そこには僕たちが現実から逃げることなく立ち向かい成長していくためのヒントがたくさん詰まっている。

「アニメや漫画はただのつくりものだ」

と一段低く捉える考えもあるが、古来からの伝承や歴史小説などにも多くの創作がある点を考えると、それほど僕たちが享受している文化は変わっていないといえる。

アニメの場合、当然現実ではあり得ない設定のものが多く登場する。それを現実のアイコンとして（たとえば、悪の親玉は人の悪意の総体として）捉えれば、いくらでも現実を生きる強さに変えることができる。

ライトユーザーまでがマニア化しつつある今のアニメ界では、現場のクリエイターの仕事ぶりにまで焦点が当てられ「ものづくり」や社会がいかなるものかを知る機会もふんだんにある。

無数に多様化した漫画やアニメに触れる人間は知識量もハンパではない。

それでも「趣味がひとつしかないものは無趣味と同じである」という言葉のように、頭が固く同じジャンルにばかり固執するのはバランスを欠くことになる。

「友達は素敵だ」「バンドをしよう！」「戦争は悲しい」というメッセージをただ知るだけでなにも実践しないというのはやはり情報の消費だけにすぎない。

心を拗らせてネットで他人の夢を笑ったり誹謗中傷に明け暮れ卑猥な画像を流したりしているのは悲しい。

しかしこれも完全なステレオタイプだ。ネットでディスり合い（ネットスラングの一種でディスリスペクトして軽蔑することをディスるという）をしているのはすべてのジャンルに住む人にそれほど違わない割合でいるはずである。動物や植物を愛し家庭円満だけれどネットでは人が変わったように汚い言葉を使う、という人もいるだろう。それが人情である。

本書の投げかけも含めて特定の部分にメッセージを投げかけているように見えるものは偏見を翻

して間接的に世間に伝えようとするものである。だから敢えて言い切らず、言い切ることの矛盾を突く。

世の中は偏見に満ちている。この場合の偏見は広義の意味でのものである。

「リア充」という言葉も偏見であり、偏った捉え方で価値観を拗らせてどんどん自分の中での偏見を助長させていく。言葉で遊び言葉をつくることも文化であるが、それに飲まれてしまうことに気をつけなければいけない。

現代の多様な価値観や情報に溢れた世界で強いアイデンティティを保つためには、根元的な人の生きる意味にまで及ぶかなり強い哲学が必要になるだろう。それを紡ぎだし文化の社会通念とすれば不本意な争いは少しずつ淘汰される道を歩むことができるのではないだろうか。

少なくとも同じ文化を愛しているもの同士が、ちょっとした解釈の違いで揉めたりするのは空しい。

僕たちが持つべきものはやっぱりアニメやマンガが訴えてきた夢や希望や理想であり「笑顔」「情熱」が合言葉のはずだ。昔から連綿と受け継がれる勧善懲悪、弱きを助け強きを挫く。

「ザブングルは男の子ぉ！」

きっとどんなジャンルを好きなものであれ瑞々しい「好き」という気持ちは人を輝かせるものだっ

たはずだ。

「それさえあればもう言葉なんか通じなくったって俺たちは仲間だ！」

この部分だけは共通理解として、同じ方向を目指すものとして持っておきたい。

坂本竜馬ではないが、

「内輪もめで自滅するようなことをしていてはこの日本の文化はのうなってしまうがじゃ！」

これは日本の文化という大きな話の前に若者ひとりひとりの生き方、魂に還元すべきだろう。

僕たちは最高の合言葉を持っているのだから。

②アニメ日本語の美しさ、アニソンの勇気

アニメで放たれる言葉はロマンティックであり美しい。
よく
「シェイクスピアの本来の良さを原語のままで理解できるのは英語圏に生まれたものの誉れであり喜びである」
というようなことを聞く。（ビートルズの場合などいろいろあるが）
僕は日本のアニメを日本語でそのまま理解できるのはとても幸せなことであると思う。

ハリウッドの俳優にアニメ映画の声優を任せても簡単にハマるが、日本のアニメを声優以外の人がやるとどうしても違和感が拭えない場合が多い。

アニメの世界がそれだけ普段扱う日本語ではないからだろう。日常のしゃべり言葉が様にならないといわれる日本語が、ことアニメにおいては劇的に美しい。

まさに声に出して読みたい日本語である。

「アニメソングの勇気」

そして世界中の人が声に出して叫んでいるのがアニソンことアニメソングである。

日本語で歌えるようにしたくて日本語を学ぶ若者がいるほどの愛や希望の言葉がたくさん詰まったアニソン。ストレートすぎる表現は時に子供っぽいとか厨二病といわれるが、元気や勇気を与えられるのも確かだ。血のたぎるような熱いフレーズはどんな夢だって叶うような気持ちにさせられる。

J－POPのミュージシャンがタイアップでアニメソングを扱うようになりメロディーラインのはっきりしたアニソンらしいアニソンが減ってしまうこともあったが、そこからJ－POPへのファン層を広げる契機にもなった。

キャラソンと呼ばれるアニメのキャラクター1人ずつをテーマとして歌ったものなどもたくさん

つくられてその部分の深化もある。ここでもまた「みんなで歌える歌」が必要になってくる。しかし、それと共に3章で述べるヲタ芸などの出番もあり、共有できるバリエーションも多彩になってきてもいる。

アニメソングだけのカラオケなどで盛り上がる会もあるが、「当時のアニメの映像が編集されて出てくる曲」をご存じだと思う。

最近は映像を編集している人の愛が籠もったものもあり、見ているだけで感慨深くなる。ダイジェストで彼らヒーローの活躍を見て歌に入ると彼らの勇気や元気をもらうことができる。それは幼い頃（に限らないが）に見た記憶と情熱が今と結びつくからだろう。

フラッシュバックするように胸が熱くなるアニソンのカラオケはアニメファンならではの特権である、とはいうのは大げさだろうか。

現実の困難に悩まされるとき、きっと同じように矛盾に苛まれ戦い続けたアニメやマンガの主人公たちがヒントになるだろう。

アニソンを知らない人にとっては意味不明のフレーズの連呼だとしても、それを知るものには勇気をもらえる魔法の言葉になるのである。

「言葉は、ただ言葉である」

「アニソンは、ただアニソンである」

そこに触れるものの情熱が込められるときに僕たちは高められる。

「現実は、ただ現実である」

情熱を持って現実に挑むことで僕たちは誰でも主人公になれる。

③実は俺、ロングテールよりポニーテール萌えなんだ

「ロングテール」モデルというものがある。巨大な市場の売上などを棒グラフにして高い順に並べた場合、多数の品数を扱うのでその裾野が長い長い恐竜の尻尾のように伸びている状態を指すという。

現代はキラーコンテンツよりも多数の商品を扱う中で長い尻尾から少しずつ利益を得ることで生き残る企業が多くなっているというのである。

つまり「絶対的な権力が崩壊している」のだ。これはあらゆる物事に当てはまる。

たとえば、人の幸せにしてもそうだ。人はたったひとつの物事だけで幸福を感じるというよりも無数の自分の価値観を満たすことで総合的に幸せを感じ自分を保っているのである。

もしもたったひとつの権威にしがみつき、それだけが自分を構築しているのだとすれば、それは本質からは遠ざかることになり脆いものとなる。

ロングテールに移ってきていることがいいか悪いかは別として、巨大な権威が成立していた社会システムとはつまり人がつくった庭の中だったからできたのである。

本来、人間というものは無数の物事を感じ、生きている。その本質的な無数のもので溢れる自然なシステムに近づいたということである。

無数のアンテナを立て世界を広く認識する。そしてたくさんの笑顔に出会うことがきっととこれからの自由な時代を生き抜く力になるのだろう。

ポニーテールの女の子

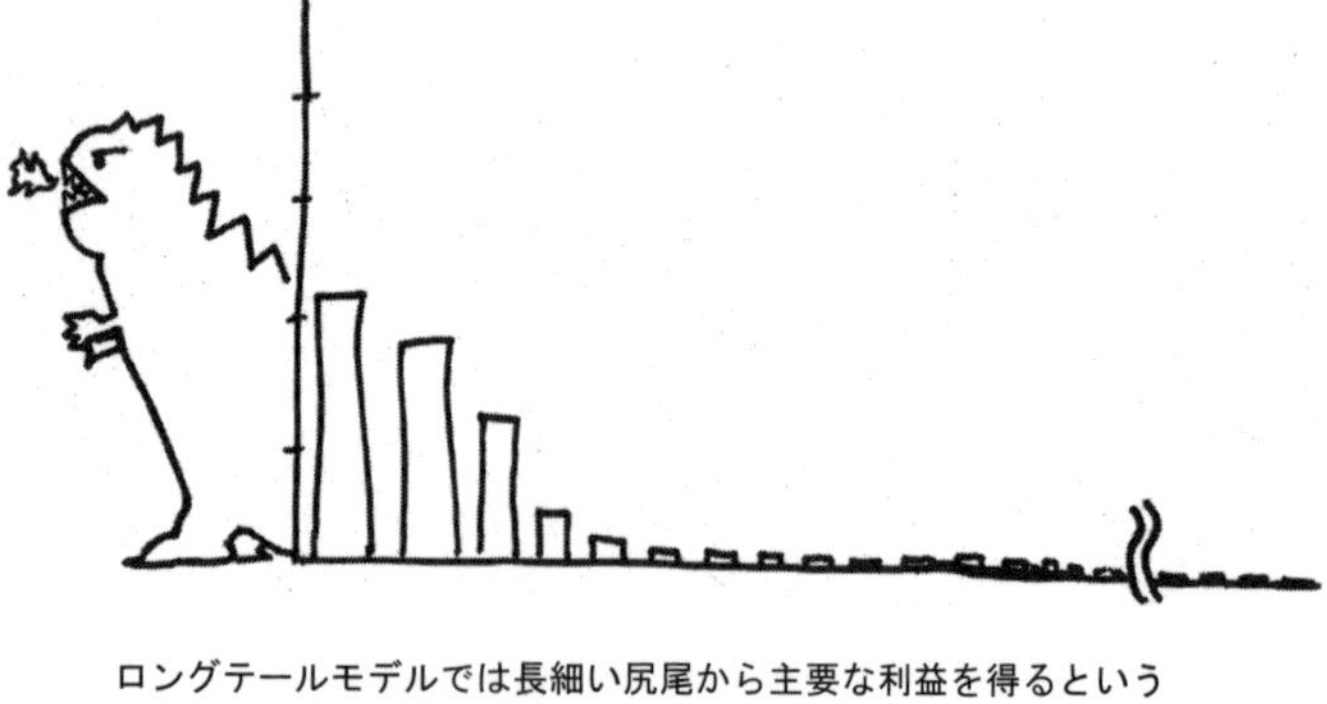

ロングテールモデルでは長細い尻尾から主要な利益を得るという

4　ここがヘンだよ秋葉原

①進出する過激サービス

２００９年８月３日、東京都港区新橋で秋葉原の耳掻き店に勤める店員の殺害事件があった。こうした過激な事件を取り上げること自体が偏見を助長しかねない。しかし、これらの問題に向き合わない限り問題は解決しないというスタンスを述べてきたのであえて触れる。

こうした事件はどう考えても一部の個人的な問題であり、どの分野でも同じリスクをはらんでいる。

それでも業界側はこうしたものに配慮して過激になってきたサービスから従業員を守るようにさまざまな規律を設けている。あの手の耳掻きやリフレ系のお店では、身内や知り合いが来たら店舗の奥に匿うという処置や決められた情報以外は流さないなどしている。

最近はキャバクラ風（実際にキャバクラもあるが）のお店や一歩間違えれば性風俗のような店舗もありテレビニュースなどでも取り上げられる。

それに関しては営業許可とルールさえ守っていればなんの問題もないが、秋葉原がそんじょそこらの街と同じただの大人の歯車で回っていては宝の持ち腐れだ。秋葉原らしさを残しつつ、きちんと線引きをしてニーズに応えるサービスを求めて歩き続ける必要がある。

そうでなくては

「当店は風俗店ではありません」

という表示も空しくネタにしても働いている女の子が悲しい。

とはいっても、駅前に堂々と構えるアダルトグッズショップだって名所のひとつであり、アキバジャングルの一員である。

徹頭徹尾青臭いことをいってもきっとなにも動かない。

ただ「萌え」と「エロ」は切り離して考えなくてはならない（エロかつ萌えというのももちろんある）。

風俗店ではないという旗の下にある故か、恋人のように親しく接してくれることで勘違い率が高いという事情もある。

風俗店でもないし、サービスはあくまでフィクションなのである。ツイッター、HP、ブログなどでいつでも一方的に身近に感じることができるだけに節度こそが必要であり、働く女性だけでなく利用する人たちのためにもなる。

②お客様は神様でもなくご主人様でもなく

メイドカフェの表のドアに「外から写真を撮らないでね」とかわいく注意書きがあり、店内には「メイドさんに触れないでください。勝手に写真を撮らないでください。守れない場合は退店していただきます」との注意書き（遊びがないのね）。

こうなってくるとご主人様っていったいなんなのだろう、と男としては空しくなる。これじゃあ夢の国もイメージが悪い。従業員のメイドさんを出口で待つ「出待ち」を禁止したりトイレを2つに分けて設けたり裏口を出口にしたりとの対策も取らなければいけない。

携帯電話ひとつで簡単に盗撮、盗聴ができるようになってしまった危険な時代である。

1人1人が武器になりうる道具を持ってしまったからにはイギリス紳士ならぬアキバ紳士の立ち居振る舞いは重要な意味を持つ。

最近はメイドさんのかなり強硬な客引きがあって厳重に注意するように秋葉原の街づくりの人も対策を取っているという。

メイドカフェってなんだろう？　ご主人様ってなんだろう？　突き詰めて粋な文化にするならば意外と新しい道が開けるんじゃないだろうか。

連絡先は教えない、本名はいわない、というメイド道があるならば、連絡先は聞いちゃいけない、スーツでビシっと決める、完全ご主人様宣言みたいなものがあってもいいんじゃないだろうか。

経済アナリストで日本メイド協会の理事でもある森永卓郎氏は、萌えのクオリティを追求したリアル萌え、萌え文化を萌え直す「ネオ萌え」の文化が必要なのではないか、と述べている。

徹底的かどうかはべつとしてリアリティのあるメイドの設定と接客が求められるだろう。

結局メイドリフレクソロジーの店にしても萌え文化にしても、萌えを軸にして敷居を下げて文化にとけ込んでいく。

萌えを平和利用や学力アップに利用しようとする「憲法9条たん」や「萌え英単語学習本」にしても同じである。

いくら混沌としてそれこそが萌え文化の魅力だと謳っても守らなければいけないものを守らなければ関わる人を衰退させることになる。

「無秩序こそが魅力」「無秩序こそがルール」というのはもはや通用しないだろう。アナーキーでかっこいいような気もするが、その根底にあるものは不安に縛られて流される心でしかない。

本当に萌え文化や無秩序こそが無敵であるならば試されるのは人の「善性」である。耳の痛くなるような言葉は聞き流してどこかでより分けているだけでは本当の自由は手に入れられない。

いや、そもそも自由を謳歌するようなチャラついた強者を嫌い、オタ文化はニッチに発展し先鋭的な価値観を共有していたはずだ。

そして世間に認知されはじめてトップを走るようにさえなったオタ文化がそこから先にとんがれるなら次は愛や夢への着地ではないだろうか。

③私を嫌いになってもＡＫＢを嫌いにならないでください

アイドルの握手会やハイタッチでも一部のファンのセクハラ紛いの言動があって問題になったこともある。

行列ができればスタッフが列を送るように促してくれているのが普通なのだが、無名のアイドルであるほどいつまでも握手をしていても誰も注意してくれない。

こうなってくると、アイドル側とファンの節度の問題になってくるのでどうしようもない。

立場的に弱い女の子が傷つくだけであり、この辺りは秩序を持たないとお互いのためにならない。

個人の自浄作用に期待するしかないのだろうか。

ＡＫＢ48の選抜総選挙で前田敦子さんが会場のアンチ（他のメンバーを推しているために嫌うファン）の一部から心ない声を浴びせられた映像は悲痛なものであり、1位に返り咲いたときのコメントと涙もそれ（自分は嫌われている）に触れたもので、「私を嫌いになってもＡＫＢを嫌いにならないでください」はあまりに有名な言葉になった。

「トップを目指すということはそういうものだ」と言われればそれまでであり、それを含めてドラマティックなのだと言えばそうである。

しかし、それでは心ないヤジを飛ばす人を置いていってしまうことになるので、その「アンフェア」さは他人を追いつめるものだということを指摘しなくてはいけない。

人情というものは難しいもので多かれ少なかれこうした負の側面を持つもので、いちいち傷ついて愚痴をいってもキリがない。本書での意見も物事の一面を切り取っただけのものである。なにが正しくて間違っているのか、その答えは読者に委ねる。

とかくオタク文化というものは偏見を受けやすいものでアイドルファンもその典型といえる。

僕自身コアなアイドルファンの方と後ろでヲタ芸を一緒に打つことがある。そこには世間一般で誤解を受けているようなやましい心は微塵も入り込む隙がない。ただエネルギッシュに楽しんでる姿がそこにはあった。

ちゃんと歌を聴いてやれよ！　というツッコミはさておき、全力で体を動かすファンに混ざり一度ヲタ芸を打ってみるのもいいだろう。

敷居が高くなりすぎたコアなファンは新規の人も受け入れるために「広く開かれた器」を持てばアイドル文化もさらに愛されることになるだろう。

④もしもドラッカーがアキバ文化を語ったら

「もしドラ」で一躍有名になったドラッカーの考えで秋葉原をマネジメントしたら、きっと街全体が素敵なテーマパークのようになるだろう。

メイドはなんのためにいるのか？　ホコ天はなんのために再開されたのか？　きっとコスプレイヤーさえも大いに活かし地元住民とともに世界のアキバをアピールするだろう。

そこから発信されるものは、若者の心を育み社会に大きな益をもたらすに違いない。

僕たちが求める自由を真摯に突き詰め本当の敵を明らかにするだろう。

そういった意味では、歩行者天国再開はマネジメントとしては正しい選択ともいえる。

ドラッカーのマネジメントには、宮本武蔵の五輪書と同じく本質を問いかけているところからあらゆることが詰まっているといえる。

経営科学についてドラッカーが述べる。至極簡単なことで、本質を見失い不真面目にも利にこころを奪われていることを痛烈に指摘している。科学としての定義は「そのものごとを真面目に取り上げること」であり定量化して様々な法則を当てはめることではない、という。

「アニメ」のこと「コスプレイヤー」のこと「ホコ天」のこと「秋葉原」のこと。それを定義し真面目に取り上げることはそれを享受するものにとって必要不可欠なことであるはずなのである。

こうしたものに命を吹き込む所作こそ、ただの娯楽が文化と呼ばれるようになる基盤をつくるのだと僕は信じる。

「世界のアキバ」と呼ばれるそれが本当のサービスを提供することを真剣に考えることこそがアキバ文化を「マネジメント」することなのではないだろうか。

90年代に始まりゼロ年代にピークを迎えた萌え文化は一過性のブームで終わってしまうのか、持続可能な文化として生きてゆけるのか、今その岐路に立っている。

「萌えの再構築」も必要なのではないだろうか。ありがたみのあった初期のメイドブームのように瑞々しい心で萌えられる文化。メイドもご主人様もさらにニュータイプへと進化すべきなのか原点に立ち戻るべきか。ご主人様のためになるのはもちろんだが、メイドさんが楽しく仕事を謳歌できるようなシステムと街づくりを考えるべきだ。

ドラッカーが求めたもっとも大切な「真摯さ」とはなにに当たるのだろう。今までの「萌え」が全部陳腐化してしまうような本当の萌えを再構築させたい。内部循環で疲弊してしまう前に外に情報を発信し繋がりを持つ方法。それはきっと次章で語る愛や夢、リアルへの想いではないだろうか。

第3章「愛・おぼえていますか、愛を取り戻せ」

～サブカルへの真摯さ～

1　世界のアキバが名実ともに世界のアキバになるために

①アキバの歩行者天国復活が世界を救うこれだけの理由（ワケ）

そもそも本書の原案は2年前に起こされていた。

歩行者天国がなくなった。

あれだけパフォーマンスが横行していた歩行者天国がなくなった途端に声も上げずに他へ散ってしまった秋葉原を愛した人たち。

じゃあ、俺たちは何のために秋葉原に来ていた？

マスコミと同じようにただほいほいと利に飛びつくだけのつまらない大人になっちゃいけない。

コスプレをして秋葉原に来ていた僕を最後に支えた意地。

そして、

「アキバの歩行者天国復活が世界を救うこれだけの理由（ワケ）」

というタイトルの原稿用紙50枚ほどの文章をプリントして千代田区議員のポストに入れ、歩行者天国の是非を問うアンケート会場の主催者やLIVE PARK in AKIBAの主催者に渡した。

LIVE PARK in AKIBAの主催者は熱い気持ちと感謝を打ち明けてくださり、当時ブラックリストに載っていた僕に対し

「あなたは完全に誤解されているから私がひと肌脱ぐ」とまで啖呵を切ってくれた。

原稿を自費出版しようと掛け合ったが、少額のローンも組めずに断念せざるを得なかったことで陽の目を見ることはなかった。

そして、アキバパレードという形で声を発するという術に辿り着いた。

②アキバのみなさん、プライドを持ってください！

1990年代以降、秋葉原はメディアのネタになって世間の注目も集まり、「聖地」と呼ばれ、「世界のアキバ」は誰もがなにがしかのイメージをもつ珍しい日本のキラーコンテンツとなって時代を牽引していくようになった。18禁のアダルトPCゲームの看板が街に溢れワンフロア全部がアダルトグッズのビルが現れ自由で過激に現実を遊んだ。

海外でも「オタク」「マンガ」という言葉まで知られるようになり、「クールジャパン」として海

外ではカッコいいものであるとされた。

日本では「オタク」という語感のためか、メディアでいたずらにイメージを広めすぎたためか、日本のオタクは家に籠もりひたすら趣味に没頭し、暗いというレッテルを貼られることが未だに続いている。

現実を遊び、夢や理想を掲げて生きる誇らしいものとして文化は本来あるべきである。現実逃避を誇るようにした「痛いもの」という自虐的な印象により自分自身を追いつめてしまった感さえある。

ドラマ「電車男」のブームなどでさらに世間のイメージは固定化し「人付き合いが不自然」「趣味以外にお金を使うものがない」「異性とうまくお話ができない」などというキャラクターになっていく。大きなリュックにバンダナ、メガネ、フィギアを握りしめて俯きながら街を歩くという姿は、完全にネタとして世間はおもしろがった。一部の映画やドラマでは完全に偏見を助長するような「メイドカフェでニヤつくオタク」が登場する。

これも文化の流れの常でありいつの世もディフォルメされた表現で「ホスト」や「性が乱れる若者」なども同じように消費されて来ていたのを思えば無理もない。それも逆手に取ることで、注目を集めることができる。

こうしてみるとここにも過激な情報ばかりをクローズアップして、語るべきを語ってこなかったメディアの弊害があるといえる。

情報発信地の秋葉原がその情報に弄ばれ疲弊してしまうとしたらそれは皮肉なことだ。これまでにも述べてきたように秋葉原から誇りある文化のイメージを発信することでそれを大きな武器にしなければいけない。


好きなことを話出したら止まらない、というのは典型的な「インテリ」も同じ。そう、オタクはインテリでもある。海外でいわれる「オタク」のイメージに多少は近いんじゃないだろうか。

かつて明治維新の頃、イギリス紳士に憧れたものたちは憧れから入った故に本物のイギリス紳士以上に忠実に紳士であったという。同じように海外の「オタク」が「クール」から「クールジャパン」のイメージを今こそ日本は逆輸入するべきだろう。

オタクのみなさん、プライドを持ってください！

③国を動かすコミケのパワーと秩序

オタク界隈ではあまりに当たり前に通用する話題だけど、「コミケ」は一般では名前こそ浸透しつつあるとはいえ実態を知る人はまだまだ多くはない。

年に2回開かれる巨大同人誌即売会「コミックマーケット」(通称コミケ)である。前日から徹夜して並ぶことなども当たり前となっている大きなイベントで、開場してからも列が進まず入るまでに1時間もかかることなどざらである。並んでいる列を見るだけでも勉強になる。あれだけ大きな人のうねりを見るとAKBなども含めてオリコンチャートをオタク文化一色で塗ってしまえるほどのパワーをもつのは当然である、と肌で感じることができる。

人は数が多いというだけで暴力的な装置になりうる。エスカレーターは必ず一段あけて乗ることが徹底されており(以前事故があったため)、それを必死に案内するスタッフの努力と工夫も目に見える形で現れ(コスプレをしていたり文言を名台詞になぞらえたりしている)名物にもなっている。

コスプレイヤーが集まるコスプレ広場では、カメラマンに囲まれたコスプレイヤーがいて人だかりができている。通行の邪魔になるくらいに増えすぎると、運営スタッフにカウントをとられる(まるでプロレスの反則攻撃のように)。

「カウント数えます5、4、3、」

カウントが終了したら一度囲いを解いて通行の邪魔にならないようにする、というイベントの知恵である。

こうした知恵はもはやオタク界隈では説明をしなくてもわかる常識なので、こうしたものを秋葉原の歩行者天国でも取り入れれば混乱も避けられる。秋葉原らしいルールとして、オタク側も受け入れやすく互いが楽しめるのではないだろうか。

こうしたイベントを狙った置引や盗難も多い。落としても帰ってこない場合の割合が高いという。イベントの終了までに本部に届く夥しい数のデジカメなどの貴重品。水分補給などの暑さ対策なども含めて自分の身は自分で守らなければいけないことを学ぶことのできるツールとしても機能できる。

アニメでコミケについて触れる作品も多くなったことから、さらに認知されるようになった。同じく秋葉原もアニメなどで触れられることで自己増殖的に聖地としてのイメージを高めてきた。

コミケでは巨額の資本が動くので企業も巻き込み、企業ブースの盛り上がりも年々熱を増している。

アダルト系の同人誌が山のように溢れているのを初めて目の当たりにしたときは愕然として深く考えさせられた。コミケや秋葉原のアダルト同人のフロアにしばらく滞在していると、その文化を日常のように謳歌している姿はカルチャーショックであると同時に、前向きに考えると前衛的な若者文化の勉強になるといえる。

これだけの熱量をもつ文化を発信し続けるパワーというのは独特なオタク文化の集大成であり秋葉原を語る上では欠かせないだろう。

2　奇跡を起こせ、アキバパレード！

①アキバの中心で愛を叫んだケモノ

アキバの文化がどちらに舵取りをすればいいのか。それは誰にもわからない。しかし秋葉原の歩行者天国がなくなり社会も若者の心も不安に襲われたときに思った。

僕たちの育んできた文化がこの程度の閉塞感に言葉を失う弱いものであるはずがない。

「今こそ愛を叫ぶときだ」

社会時評や政治系のトークライブを目的に開かれている阿佐ヶ谷の「ロフトA」で、秋葉原のことを徹底的に語るライブの企画を提案すると、快く受けてくれたオーナーが各方面にブッキングを開始してくれた。連続殺傷事件から日が経っていなかったこともあり、あからさまに事件に触れるようなタイトルにはならなかったが、関係者が集まり2008年の7月18日トークライブ「ロフトAメディア時評─世界のアキバのいま」は開かれた。

無名の僕はただの元路上パフォーマーとして端っこでマイクを握るわき役になってしまった。

ここで語るべきことを語らなければ若者の心はいつまでも不安に迷い続けてしまう、と確信した。「現実を生き抜くために僕たちの文化はあるというのに。いったいなんで言葉をなくしてしまったんだよ、俺たちの信じた文化はそんな薄っぺらいものだったのか」

今こそ声をあげるとき

本書を書いていて通じるものを思い出した。

先の大震災で福島第一原発で水素爆発が起きた瞬間、一時的に沈黙して希望を紡がなかったツイッターのタイムライン。僕は不安を押し返すように強く呟き続けた。

「こんなときこそ奮い立つのが俺たちの情熱だろう。ピンチのときこそ熱くなるのがヒーローだったはずじゃないか」

もちろんタイムラインには個人差があるので僕の勝手かもしれないが緊急

時にこそ本性としての愛の見せ場がある。

「都合よく消費するばかりで厳しい現実を前に強く生き抜く言葉を紡ぎ上げられないのでは僕たちの文化はスナック菓子と同じじゃないか！」ということだ（スナック菓子好きな方ごめんなさい…）。

ここにも真摯さが求められる。あの日の涙も悔しかった想いも嘘になってしまわないように。

②リアルアニメ

僕はアニメという架空のファンタジーをリアルに実践することを「リアルアニメ」と呼んでいる。たとえば「あしたのジョー」の力石徹が死んだエピソードの後に本当に力石の葬儀が行われたのは有名である。

別に毎回毎回架空のキャラクターが死ぬ度に葬儀をしろというわけではないが、アニメのキャラクターがなんのために戦ったか、なんのために散っていったか、それを思うとき、きっと僕たちは不毛な争いをしたり情けない声で愚痴を連ねるだけではいけないような気がする。

極端な話、歴史小説だって戦国武将の逸話だってどこまでが虚構かはわからないのである。それと同列に語るのは別としてもアニメや漫画の物語を真摯に受け止めて恥じることなどなにもないのである。

1章でも記したように、例えば「殺人鬼が出てくるアニメならそれを実践すればいいのか」ということにはならない。

正義というものの倒錯を描き、人の心の狂気を描く文学のような作品に対してそんな解釈をするのはミスリードである。

これはともすれば幼稚すぎて危険な考えかもしれない。

地に足の着いていないフィクションを真に受けて、本当にドン・キホーテのように風車にぶち当たれば大けがをして取り返しのつかないものを失うことになるからだ。

そこには難しい心の機微があるのだけど、どちらにしたって「ワンピース」がこれだけ消費されている世の中で「人の夢を笑ったり」「仲間を傷つけたり」「弱いものいじめ」をしていることの意味がわからない。

ただ消費されて捨てられてるだけの作品ならば彼らはいったいなんのために戦っているのだろう。その部分を真摯に受け止めること、その文脈がリアルアニメなのだ。

アニメやマンガの不自然な描写やリアリティのない部分を突いて笑うのは大いに行われているのにそれを受ける僕たちが現実でなにひとつ活かせていないのを笑わないのはなぜなのか。

僕たち文化を享受するものたちがリテラシーを豊かにすることで作品もきっと錬磨され豊かなも

のに恵まれることになるだろう。

だから、ガンダムのシャア・アズナブルだって現実に生きていれば、きっと地球を綺麗にするためにお掃除でもするんじゃないだろうか。彼は地球が汚染されていることを憂いているのだから。

本当の敵が見えているニュータイプならば現実のこの国で戦争なんて起こさない。

こうして身近なものに還元すればいい。

アニメの世界から現実世界に現れれば現実に合うように、キャラクターは捻れて悪者だって相手と手を取りともに協力するはずなのである。

アニメのキャラクターのように真っ直ぐに生きてみたい。

司馬遼太郎氏「燃えよ剣」の中で新撰組の土方歳三が日本刀のような真っ直ぐな生き方に憧れる部分に似ている。

これが「リアルアニメ」として今も僕の中では基本的な概念となっている。

鉄人28号が、エヴァンゲリオンが、ガンダムが立ち上がり現実に姿を見せる世界で、それがただのカラッポのファッションなんかになってしまうのだけはどうしても僕には筋が通っていないように思えてならないのだ。

話を戻す。

阿佐ヶ谷「ロフトA」で行われたトークライブ後には演説を絶賛してくださった方もいた。
そしてその1週間後、２００８年7月29日「第1回アキバデモ〜愛・おぼえていますか〜」を敢行した。

③アキバデモ〜愛・おぼえていますか〜

タイトルは超時空要塞マクロスのテーマをモチーフに敵対しているもの同士がわかりあえる愛を求めて「アキバデモ〜愛・おぼえていますか〜」に決定した。

正式な許可申請をして万世橋警察署の協力も得ることができた。申請書の趣旨に書かれた「愛を世に伝えるため」という言葉をみた警察署の所長はなにを思っただろう。

これが後の「ホコ天復活アキバパレード」に繋がる始めの一歩になる。

このとき、デモの訴えの趣旨には「歩行者天国復活」は一切なかった。それ故にデモ申請のときにも抽象的で哲学的であり、珍しい形のものであるとされた。

あの事件を目の当たりにして秋葉原を考えるとき、いくら直接的にホコ天凍結が結びつけられたことが腑に落ちなかったとしても人々の心の中に「愛や夢」がないならば同じことを繰り返すだけでなんの解決にもならない。

「もう二度とあんな事件を起こさせてはいけない」という言葉を真摯に受け止めるときにたやすく「歩行者天国復活」を呼びかけることができなかった。前述したように「本当にリスクをゼロにするにはなくするしかない」のは事実だからだ。

「なぜホコ天復活を呼びかけないんだ」と再三ネット上で喰いかかって来てくれた方もいる。しかし、

「歩行者天国が復活したとしても、愛や夢を失ったままならばなんの意味も持たない」

デモ当日には十数名の参加者があったが申請数には遠く及ばず人数的にみれば失敗だった。それでも愛や夢を叫び演説をしながら中央通りの通行人にアピールできたことは大きな一歩だったと確信できた。

しかし期待していたようにはネットで火がつくこともなく小さな声は空に消えた。

二度目のアキバデモにおいても、歩行者天国復活を盛り込むことはできなかった。

「アキバデモ２ｎｄ〜愛をとりもどせ〜」

人数は少なく統率もとれない。声は枯れ、またしても無力だった。

そしてようやく「3回目のデモにおいて歩行者天国復活を訴えた」折には、「お前は簡単に意見がブレるじゃないか！」とのご意見をいただいた。このとき、このブレが、この迷いの過程があったからこそ、自分自身の活動を信じられた部分もある。

活動の常套手段や人々が食いつくためだけに並べた言葉に流れるだけじゃ本当に必要なものはきっと掴めないと思うからだ。しかし、車の両輪のように現実として社会が重い腰をあげるために使わなければいけない力もある。自分を信じる自分を信じた。

「第3回アキバデモ〜俺たちはあしたのジョーだ、ガンダムだ！　アキバもCHANGE！　ホコ天復活のあしたはどっちだってばよ！　であります〜」

結局、デモ行進のノウハウも組織も持たない僕は人数を集めることができずに毎回20人にも満たない小さな小さな声にしかならなかった。

警視庁に行って申請を行うときも人数の少なさを責められ何度も諭された。

それでも希望を語り市井の人間が声をあげ続けることが最後の砦であることを熱弁した。

たとえ僕たちがまったくもって無力だとしても、僕たちが声をあげることは達磨に目を描き命を吹き込む所作なのだ。

150枚のビラを配り直前にも大きく呼びかけたが参加者を含め合計9名。

「諦めずに信じぬくこと」

を過去2回のデモで学んでいた。

だから、迷わず恐れずやれることを続けた。

「アニメじゃない、現実なのです。我々は現実に立ち向かうべく、アニメや漫画に触れてきた。この少数のものたちの勇気が、明るさが、今の社会に必要なのです！」

「ホコ天ふっかーつ！」

これがシュプレヒコールになった。ちょうどアメリカでオバマブームが起きていたこともタイムリーに取り入れて「イエス、ウィーキャン」と叫んだのも今では熱い経験だったといえる。

④もう戦わなくていいんだよ！　リアル警察

警視庁でデモ申請を行う度に秋葉原の文化を語らせてもらった。警部補の方とも馴染みになり友達のように接してくれるようになった。

「リア充」や「ひぐらしのなく頃に」「自演乙」の話など感心して聞いてくれた。

「へ～、そうなんだ。後さ上の人から是非とも聞いておくようにって言われたんだけどさ、秋葉原の～～…」

これがリアルな警察の姿なのだ。

万世橋警察署

彼らも同じ人間であり、オタクに目を付けて偏見を持っているなんてことはなく、互いに理解しあう道があればそれを選んでくれる。

「国家権力の象徴」と見なして一部の若者は警察を敵視して不毛ないがみ合いを続けている。

確かに警察にだって間違いがあったり権力に流されるように動くように見えることがある。人が人であり、社会が社会である限り、抗し難いものがあるというのが性である。

ただ彼らもまた人間であるという認識を持つことで、互いの理解は深まり考える力をなくした社会装置が暴力的に働くことも少しはなくなっていくのではないだろうか。

「君みたいな情熱があれば、本当に世界を変えてしまえるかもしれないね」

そんな夢みたいなことを話してくれた。

これもバベルの塔のくだりと同じで、互いが通じあえる言葉を探し隔たりをなくすことで繋がりを持てば社会は強くなれる。歩行者天国復活の一連の流れはそうした意味でも対話の機会であったといえる。観光事業や企業の思惑、そんなところとはかけ離れた市井の声をあげることはこうした命を社会に吹き込むはずだ。

「みなさん見てください。あれだけ対立し合っていたオタクと警察は、今こうして手を取りあって同じ道を歩んでいるんです」

⑤エアガン乱射に公安監視？　情報発信地のリテラシー

もう少しだけ警察とオタクの話をしたい。

連続殺傷事件以降ダガーナイフの所持が禁止になり職務質問も多くなり若者が警察と道ばたで揉めているというシーンをたくさん見るようになった。

それはかつての歩行者天国にもあった光景であり、警察の権限の限界を知る一部の若者はここぞとばかりに反発した。おもしろがったマスコミはそこだけを切り抜き荒れる若者を印象づける。その様子はネットでさらに拡散し深い溝をさらに深くさせる。

興味深い例がある。

秋葉原の歩行者天国が再開し、そこで酒を飲んで警察に絡む若者の姿が全国ニュースに流れた。

「歩行者天国はまた荒れるのか?」

と取りざたされた。ここぞとばかりに巨大掲示板の2ちゃんねるではスレッドが立ちDQN《ドキュン》（迷惑な人の通称）を祭り上げようと罵詈雑言が並んだ。しかし現地にいる人間、警察も地元の住人も含めみんな報道と現実の温度差を知っている。

特定の人間が繰り返して行っている空しいいたずらのようなものであり、目くじらを立てて注意をしたところで彼らの暇つぶしになるだけなのをわかっている。そして、それを報道され、ネット上で若者が曝されるだけなのも予想できる。

いちいち万世橋警察署に連れていくこともせず優しく諭している場面を見た。

それはまるで家族や学校の光景に見えた。

街の人たちは

「若者の心をどうすれば理解できるのか、その方法があるのならば教えていただきたい」（アキバ21の会長の方たちとお話させていただいたときに聞いた言葉）

と思っているのだ。

かつて歩行者天国が無法地帯といわれていたときに「エアガン乱射事件」というのがあった。ニュースでも報道され流れ弾が歩行者に当たったりする危険を考えれば許されないものである。

僕も実は当事者でありエアガンで撃たれたことがある。

エアガンといってもピンキリで、一時期殺傷能力があるほどの改造エアガンを製造して逮捕されたものもいるが、僕が撃たれたのはおもちゃ程度のレベルのものでほとんど子供の遊びにすぎなかった。この時点で「エアガン乱射事件」という見出しがいかに大げさなものなのかがわかる。

若者は後にアキバデモを行った際に直接僕に謝罪をしてくれた。僕はなんのことだかわからず聞いてみると
「あのときあなたを撃ったのは僕です」

ということのようだった。

スケボーで走る少年、踊り狂う若者たち。学校で遊ぶのを注意される子供のようである。かわいいものだ、と許していいわけではない。これはただ教育やしつけを通じて社会の哲学を紡いでこなかった大人にも大きな責任がある。木登りをする公園もなく、管理された寂しい社会に投げられた若者たちの声なのかもしれない。

街の人も警察も今やオタクを迷惑だなんて思っていない。若者の心がどうすれば理解できるのか、どうすれば不毛な争いは終わるのか、その域にまで考えが及んでいるのだ。

そういった意味では、頭が固いのはもしかすると若者たちのほうかもしれないのだ。

世界が見えているはずの前衛文化がこれでは恥ずかしい。

本当の敵がなにか、もうみんなわかっているはずなのだ。
街は学校なんかじゃない。それぞれがモラルを持たねばならない。

しかし教育や躾を放棄した大人たちのツケが今若者に、社会に回ってきているのだとしたら、僕たち社会が一丸となってそれに向き合うことこそ道理というものではないだろうか。

社会全体を見て欲しい。凶悪なものは無数にある。そして本当の悪は羊の皮を被ってやってくる。最後の最後で人を追いつめるものは愛のない力なのだ。

本来、警察とオタクがいがみ合う必要はない。国家権力をいたずらに敵視して強迫観念のように「公安が監視をしている?」と恐れる考えをする若者もいれば「2ちゃんねらーが監視している」と警戒をするものもいる。

ツイッターや2ちゃんねるの掲示板で実況をするのはいいが、それが他人を批判するための道具になる場合、その存在は不毛だ。

2ちゃんねるがマスゴミ(マスコミを卑下した表現)と罵るものと同じ歯車で動くことにさえなってしまうだろう。インターネットこそが真実を映すなんて幻想は今や誰も思っていないだろう。テレビもネットも現実の一部でしかない。それを読み解くリテラシーを身につけなければ、いつまで経っても情報に翻弄されて無駄な力を浪費するだけだろう。

⑥お前は加藤智大じゃない

秋葉原の連続殺傷事件は、週刊誌で何度も取り上げられ、ネットでも大騒ぎになった。その中には彼への共感を強くして崇拝するような考え方の持ち主も集まった。

当然、ほとんどが遊び半分で小馬鹿にしたものであるのが本質だが、彼に詩情を汲み取ったり同情する声も多かった。同情するのはわかるとしても詩情や崇拝は論外である。

若者の中には

「自分ももしかしたら事件を起こすんじゃないか」と不安になる声がある。

これはきっと正直な本心だろう。

阿佐ケ谷でのトークライブのとき、僕は客席に向かって叫んだ。

君は加藤智大なんかじゃない。

自分を信じろ、引かれるな。

取り押さえられた彼の姿を見ただろう。

見ろ、あれは魂の抜け殻じゃないか。

あんなもの本来の彼の姿ですらない。

あれはただ魂の抜け殻になった悲しい末路なんだ。

復讐。違う、憎しみに引かれ自分を見失った彼は彼自身であることができなかった。

君は、君だ。
不安に怯える優しい心をもつ君は
自分の人生を歩んで欲しい。

断じていおう。君は、加藤智大じゃない。

そして彼もまた本当の加藤智大じゃなかった。


中島岳志氏の「秋葉原事件─加藤智大の軌跡」などを読み込むとわかるが、結局切り取られた情報で単純化してアイコンにされた事件は共感を生むように見えるが実態は多少違う。

加藤智大は驚くほど友人に恵まれ周りから優しくされている。ただそこから希望を紡ぐことをしなかった。相手を心配するような言葉を投げながら「自分への当てつけ」だとして結局、自分の想いや言葉への「真摯さ」を欠いていた。

ここには人情の難しさがある。

どれだけのものを得たとしても人は自分の身の回りのものと比較して相対的に自分の価値を計ってしまう。だから、簡単に人は孤独や不遇に苛まれる。

世界の残酷さを真摯に受け止めれば、きっと身勝手な感傷は乗り越えられるはずなのだ。

いたずらに希望のない世界ばかりを報道するメディアにも大きな問題がある。

少なくとも分析に終わることなく、はっきりと希望を語る責任があった。

オウム事件を始めすべてひとつひとつを分析するだけではなんの解決にもならない。後の若者の心の闇の引き金になるだけである。

⑦ホコ天☆自演乙、勇気がすべてだっぜ！

ホコ天復活を叫ぶようになってからしばらくしてアキバデモはアキバパレードと名前を変え、続けられた。しかし、僕自身の人脈も戦略も乏しいもので参加者が増えることもなく機材も同じものを使い回すだけで鳴かず飛ばずのものであった。

パレードの度に遠方から夜行バスに乗ってきてくれた若者もいた。彼は、この旅費を稼ぐために働き、パレードがモチベーションになったという。こうした活動がもたらす若者の心が社会の縮図だとしたら僕たちの活動も報われる。仕事を途中で抜けて参加してくれた者。

情熱に呼応してくれた彼らは勇気を振り絞り少数のこのパレードに参加してくれた。

ただ続けることだけが無力な僕たちにできることだった。たった1人でも参加してくれる人がいる限り続ける意味があるのだと確信できた。

大雨が降った日もあった。

大雨の中で僕たちは歩き、アニメの台詞にあるような愛や夢を何度も叫んだ。


「ホコ天☆自演乙☆アキバパレード」

という名称になる。

「自演乙」（自作自演でお疲れさまという意味の2ちゃんねるなどの用語）歩行者天国が復活しないならば、こうして自分たちで歩行者天国を再現して何度でもやり続けようという意味だった。

今までのノウハウを活かし大きなものにしようとした。

歴代のアニメソングを編集したものをアンプから次々と流す。

「勇気がすべてだっぜ！」

「勇気を忘れないで！」

勇気を持って社会が若者の心と向き合うことが大切であることを認識した後期のアキバパレード。大人数でないこのパレードの形態こそが完成形であるかのような熱いものになった。

助力もなく向かい風に晒され、バカにされ笑われ、それでも信じて突き進む。

僕は、これこそが「リアルアニメ」であり本当の情熱なのだと感じる。

村上春樹さんの有名なエルサレム賞受賞スピーチで「硬い壁にぶつかる卵の側に立ちたい」というものがある。

いつの世も時代を動かすのは情熱である。そして誰も傷つけようとしない僕たちの活動は「勇気がすべてであり、勇気があればできるもの」だった。

よくこんなとき頭の中に浮かべるイメージがある。

アニメ「マクロス7」の主人公の青年はギターを持って戦場のど真ん中で歌う。そんなものでなにが変わるわけでもない、と周りからはその奇行を疎まれる。彼は少年の頃「山に向かって全力で歌い続けた」

もしかしたら本当に山が動いてしまうんじゃないか、
そう思わせるほどのパワーと情熱、
それを台詞を使わずに表現するシーンがある。

僕の中ではそれを現実で再現したかった。そしてそれはもちろん敗者の体のいい言い訳でもあり、実際にことを動かすことのほうが大事であることも心得ていた。

⑧山よ俺たちの歌を聴けぇ！　世界はそれを愛と呼ぶんだぜ！

結局、全部で10度に及びアキバパレード（アキバデモ含む）は行われた。

女性コスプレイヤーの参加者が初音ミクの格好で歌いながら参加してくれたこともあった。

パレードのロゴとバッヂとたすきと幟を制作してくれた同志がいた。

パレードのために知らないアニソンも練習してギターを弾き、歌姫を買って出てくれたミュージシャンのヒミツキチさん、みんなの協力でがんばることができた。

そして歩行者天国復活当日の夜に行われた
「1・23祝！　ホコ天復活アキバパレード〜世界はこれを愛と呼ぶんだぜ！〜」

「もう10回もやっているのだから、君たちはアキバの街づくりの一員なのだから、がんばってください」

そう言葉をくれたのは万世橋警察署の方だった。

あちこちに打った告知と当日集まっていたマスコミの方にチラシを配ったためか、なんとＮＨＫのカメラさんまでが出発地点の秋葉原公園に集まってくれていた。

歩行者天国は復活して正式運用に至る

コスプレをしてアニメ「トップをねらえ！　2」を
モチーフにした演説を打った。

「お姉さま！　私は本当にバカでした、
以前の歩行者天国を
遊び場のようにしてしまってました
そんな歪んだ自由では、
世界のアキバは本当のトップにはなれないのです！

なぜならば！
真にアキバを愛するのならば、
世界のアキバとしての
誇りと自覚を持たねばならないからです

もしもアニメのヒーローのような力があれば、
もしもタイガーマスクがいれば、

そんな考えではいけないのです
本当のアニメのヒーローは、
本当のタイガーマスクは心の中にこそ宿るのだから！」

出発するアキバパレード隊。

ヨドバシカメラ横を抜ける。

ガンダムカフェの横を過ぎる。

中央通りの交差点にさしかかったとき、涙で声を失いそうになった。

「本当に歩行者天国は復活した」

ドラマ「電車男」で有名になった「世界はそれを愛と呼ぶんだぜ」を流して歌い歩いた。

LOVE&PEACE
もしも歩行者天国が復活しなかったら一生続けてやろうと思っていた。
6月までの試験運用が終わり7月になって、やっぱり廃止になればもう一度、何度でも続けようと思っていた。
だから、正式運用が決定したときは涙が止まらなかった。

残念ながらアキバパレードの模様がＮＨＫで放送されることはなかった。大きなカメラを持って目の前で僕たちを見続けたクルーはなにを思っただろう。歩行者天国復活を熱く語ったチラシを受け取ったマスコミの方はなにを思っただろう。ネタにもならないと一笑に付しただろうか。

後にカメラを入れての歩行者天国運営サイドの方たちとの話合いにまで発展するとは、このときはまだ知らなかった。そしてそのとき、テレビ朝日の夕方のニュースで、ほんの一瞬ではあるが、アキバパレードが紹介された。

前に社会を動かした日比谷の派遣村が大きな力のうねりとなって政治家たちが一気に集結してくる様子を現場で目の当たりにしたことがある。

数日前に新聞の片隅に告知されていただけの活動が数夜にして巨大な熱量を持つのを見たとき、歴史の転換点に起こる不思議な力を感じた。

歩行者天国復活当日のあの流れは「まさか」と予感させた。しかし今もって社会に「力」と呼べるほどのものを見せられてはいない。

山は、まだ動かない。

3　東京都青少年健全育成条例問題と自由っていったいなんだい

①表現の自由っていったいなんだい

コミックマーケット全体を始め同人誌業界にも衝撃を与え自由を求める大論争を巻き起こしたこの条例改訂案の非実在キャラの表現規制を取り巻く善悪是非。

「表現の自由の侵害だ！」

「自由の危機だ！」

と、まず声高に叫ばれるが、容易く「表現の自由」を謳うだけでは矛盾を感じる。

もちろん憲法で保障された権利だというのはわかる。エッチな同人誌などの作品に巨大な市場がありニーズがあるのはもちろんわかるのだけど、「エッチな作品自体消費者のニーズという経済の歯車で回っている側面もあるから」である。

もちろんエッチな表現で性のリアリズムを表現するという作品があるというのは当然である。

基本エロ同人誌を書くことから始まるといわれている同人作家(もちろん一部のイメージですが)も、別に「昔からエッチなものを書くのが夢だった」というわけではなく、それが売れるから描く場合が多い。

これが「いきなり表現の自由」を掲げることへの矛盾を感じる部分であり自由という言葉の本質をやっぱり問わねばならない。

「自由っていったいなんだい?」

といつまでもたどり着けない答えを求めることにもなるが、では改定して規制強化すべきかといえばもちろんそんなこともない。

この議論はとても興味深く道徳や法などの規制やメディアによる青少年への悪影響の懸念などの非科学的な偏見や誤解を含んだ問題に触れるので現代を読み解くリテラシーとして格好の材料になる。

さらにここまで世界を牽引するまでの表現に発展してきた自由の裾野が文化の発展にいかに寄与するのかという考察も興味深い。

タバコや酒の表現なども含めて規制で管理された文化は結果的に広がりを阻害するといわれている。バブリーな表現の広がりを規制してしまうよりも他に行動すべきを進めることのほうが肝要であるとの見方があるが、その行動すべきを捉えるのは難しい。

②賛成の反対の中庸なのだ！

規制で取り締まることが正しいのか？

まず「警察的権力の強化」が危惧される。もしも、この手の条例で厳しく取り締まりが始まったときに少しでも都合の悪いと見たものを無理矢理排除することが出てくるだろうということだ。真にその通りでありアメリカの同時多発テロ後制定された「愛国者法」のように少しでも怪しいものは難癖つけて自由を制限されるということになりかねない。

世界中の誰もが許容できる範囲のものにしなければいけない、ということになればその判断は権力のあるたった1人の意見から派生して決定にいたるという懸念もある。

とりわけこの手の法案などを声高に推進しようとする方にはあまりに相手の文化を知らない傾向があり、その時点で保留せねばならない。

疑わしきは罰すべからずである。


「子供たちや文化をそうしたものから守ろうとすることが間違っているとはなにごとか！」とお叱りを受ける。まるで獣を見るかのような論調で罵倒されることもある。

こうした悪のレッテル貼りはいろんな文化も直面している。

捕鯨問題や宗教などさまざま思い当たることがないだろうか。

人は育ってきた文化の中で生きてゆく。それぞれに1人の人生があり、そこで笑い、泣き、子を産む。

アニメ好きに大ヒットした「俺の妹がこんなに可愛いわけがない」のワンシーンにハッとさせられる興味深いやりとりがある。

主人公の中学生の女の子は「アダルトゲームが趣味」で「学校では勉強もスポーツもよくできる優等生」という奇抜な設定。親父は厳格な昔気質の人である。

ある日、娘の趣味がバレる。激怒する父親に対して兄が妹を熱く弁護するという場面。

妹がこそこそやってきた趣味。それを話し合える仲間をやっと見つけた素晴らしさと本物の笑顔。

それを知りもせず一般論に落とし込む父親に反抗する。

「学校の優等生だけじゃなくて、あの趣味も友達も全部含めてあいつなんだよ！」

親父は言葉を訂正し「学業がしっかりできているから」という理由でそれ以上の追求はしない。

そして「R-18」の表記の部分に釘を刺す。

どちらの言い分も理にかなっているもので互いに理解のある粋なやりとり。現実に親父があそこまでクールにやりとりを交わせるかどうかは怪しく、ある意味で理想ではある。

「どちらにせよ法も文化も扱うのは人間である」

互いに行き過ぎや間違いが人間である限り起こるのは避けられない。ならば互いが理解し合い大いに人間の自由のあり方を問いかけ続けるのが肝要なのだと思う。

と、簡単に終わるものでもない。

それに終わらせるものでもない。

２０１０年暮れ近くから東京アニメフェアのボイコットにまで発展したこの問題は、それだけに大きな意義がある。

条例強化を推進するロジックを受け入れると、一気に様々なロジックの矛盾を受け入れる不誠実になってしまう。

「若者の犯罪が増えているという誤解」

これは統計と報道の印象の違いから指摘されている誤解。

「不健全とされるメディアと犯罪の因果関係」

これも科学的根拠はなく限定的なものであり、暴力的な人は自ら暴力的なものにアクセスするという。

結局若者が「無数にアクセス可能な情報の中でなにを辿るのか」というリテラシーの問題に繋がるので大人たちがリテラシーのない改定案を行使することこそが危ういといえる。

しかし、抗議の意味で、暴力的に送られる無数のメールや手紙という手法はサイバーテロと同じで許されるものではない。

結局強行採決のような形は暴力に近しいものであり「ポルノ表現が与える影響よりももっと懸念すべき根本的な問題を見誤る」という愚を冒すことになる。

雨降って地固まる、というように一連の議論を巡りお互いが本当の理解を深めあえれば高度な社会が形成されるのではないだろうか。

互いが互いにすれ違ったり偏見をもつなどというのはいつの世も同じである。

わかり合おうとする努力を、世代間、文化ごと、に育てることがそれぞれの幸福を追求することになるのだと思う。

そうしてキャッチボールを続けていく過程が大事なのだろう。

③人のつくりしもの

秋葉原にはワンフロアがアダルト同人誌などで埋め尽くされている場所もたくさんある。

何の変哲もなく普通に営業しているフロア。アダルト同人誌が山のように並んでいること以外はなにひとつおかしなところがない。店員もお客さんも日常そのものである。

無邪気に並んでいる商品を眺めてみる。児童ポルノ規制などがさらに強化されこうしたマンガに及んだ場合、この辺りのものは一掃されていくのだろう。

こうした光景を目の当たりにすると寂しいような気がしてしまうのは人情だろうか。

人がつくりし文化を失うのは、かの歩行者天国もそうであったように悲しいことだ。手放しで喜んではいけない文化もあるだろうが、自由の落とし前のつけかたがそんな強権的なものであるのは理不尽だ。きっとその道程は後に禍根を残すことにもなる。

たとえば、いじめや自殺をモチーフにしたものを文化と呼んで尊重するのはよくない。

きっとそれらも文化を名乗り大儀だって語れてしまうかもしれない。

そんなとき、どこで自浄が働くかとすれば言葉と心の力であり持続可能な未来を見据えたものを提示してゆく責任なのだと思う。

文化を名乗るとはきっとそういうことなのではないだろうか。

そうでなくては我々は文化というものを貶めることになるのであり、強権で規制をしようとすれば我々は社会というものを貶めることになる。

世界に誇る文化を名乗るためには世界のルールに則ることは重要である。

児童ポルノなどに関しては特に海外からは批判の声がある。盤石な宗教を持たない日本ではそうしたものへの抵抗感も少ないのだろう。

規制のラインをはっきりさせることで世界への売り込みを強化して文化の発展を促そうという狙いがあるので至極妥当ともいえる。

表現規制の多すぎる文化はその発展を阻害するというジレンマ。

どちらにしても浅い部分で相手を侮蔑するような議論をしている人たちの心のあり方のほうが問題であり、賛成反対とはまた別の話ではないだろうか。

そういった意味では、浅い部分だけで相手を丸め込み多数を見方に付けようとする民主主義のあり方も問われる。

現在進行形で物議を醸し続けるこの問題の着地はどこに行くのだろう。２０１２年のイベントでもまた対立が起こっている。こうした問題に興味を持ち、それぞれが考えることでリテラシーを育て平和裡に解決されるのを望む。

④もしかしたら僕は・・・

経験がある人も多いだろうが、日常でポルノ映像が現実とリンクして妙に罪悪感を感じてしまったりすることがある。他にもホラー映画を見ていてショッキングなシーンが現実でフラッシュバックする、というのがいい例えだろうか。

アダルトビデオの女優さんに似ている人を見かけてそのイメージを想起してしまう、くらいならまだいいが児童ポルノものなどが溢れていてそれを遊び感覚で触れているうちに

「もしかしたら僕は・・・」

と誰にも言いづらい罪悪感をもつ場合は笑ってもいられない。

これが現実とリンクして子供を見て変なイメージを想起することを考えると、子を持つ親が目の色を変えて批判するのも当然すぎる理屈である。

こうした感覚が欠如してゆくと「家族をもつ自分の未来像を結ぶことができず」にズルズルと現実に負い目を感じ劣等感に苛まれることもある。

ネタとして笑うとしても自家中毒的に自分を追い詰めることにもなる。これは擬似恋愛にハマリすぎて「リア充」を自分とは別の生き物と捉えるものの見方にも共通される問題でもある。

この場合、大事になるのが他との繋がりである。

先ほどの「俺妹（おれいも）」のアニメの話がいい例で、彼女は「学校で優等生」という繋がりをもち父親の許しを得て繋がり、「共通の趣味を持つ友人」の繋がりなどたくさんの繋がりがあったので自分を保つことができる。

繋がりを絶たれることはあまりに辛く、
繋がりを絶たれた心は脆い。

ここでいう繋がりとは、単純に人との繋がりだけではなく、自分自身の中の価値を形成するものをつなぎ止めるものも含める。

だからこそ、それを裁くような論調で
「繋がりを絶つような偏見を助長するメディアや論客に理解もなく理不尽な強権を発動させてはいけない」のである。

と、今の一連の流れで書いてしまうといかにも上記の文化が「腫れ物」のようであり遠回しに危険だ、といっているようにも取れてしまう。

これは別に腫れ物なんかじゃない。

所詮、人のつくりしものはみな同じである。

たとえば、失恋だって同じ、仕事をなくしたときだってお金がないときだって、人は自分を失いかけることが現実にはままある。盤石といった宗教だって同じ、かつての革命に燃えた若者の思想だって同じ、

「繋がりを失うことは辛い」

そして
「繋がりを失った心は脆い」

ということなのである。

リアルと境界線を引くことで自分は安全地帯にでもいると思いこみ、重要な繋がりをいきなり絶ってしまうような構え方は、やはり現実に存在する自分自身を簡単に追いつめてしまうだろう。

「現実のこの世界に生きることができている」

その大きな繋がりを感じることができていれば、きっとどこからでも自分を取り戻すことができるだろう。

悔しがるくらいなら、強くなるしかないだろう。

黙ってしまったり暴力的な反抗しかできないくらいなら、対話できるくらいに強く正しい部分を持ってどうどうと正義と繋げればいい。

4　心と身体のシンクロ作戦

①公式お掃除ボランティア「Ａｋｉｂａ Ｓｍｉｌｅ！」の可能性

さて、「繋がり」の話が出てきたので、ここで最適なボランティア活動の紹介をさせていただきたい。

毎週日曜日13時から秋葉原では歩行者天国が実施されているわけだけど（4月～9月までは18時まで・10月～3月までは17時まで、雨天中止もあり）そのホコ天内で15時30分からベルサール秋葉原前を出発するお掃除ボランティア「Ａｋｉｂａ Ｓｍｉｌｅ！」というものがある。（15：15～受付開始）

歩行者天国が復活する前から秋葉原をお掃除しているイベントでスポンサーも付き昔は公式ロゴの入ったＴシャツをもらえたりした。

Ｓｕｉｃａカードがあれば参加の度にポイントが貯められる機械まで設置してあり「軍手、ゴミ袋、ゴミを拾うトング、ゼッケン」まで貸していただける。

よく駅前で休日に朝から大勢でお掃除ボランティアをしている団体とすれ違うことがあると思うが、そんなお掃除ボランティアに進んで参加してみてはいかがだろうか。

「そんなのつまんねーし、なんの得にもならないじゃん」

ということなかれ。

終わった後には無料で「あるもの」が配られる。それは参加してのお楽しみ、ということで。

もったいぶるのもなんですが、あのプラスチックの容器に入った緑の液体を貰うとやっぱり嬉しい（お茶でしょ？）。

まー掃除の後にガンダムカフェでも行ってあれといっしょに「ガンプラ焼き」のあんこ入りなんか食べると最高だなー（ねーお茶なんでしょ！）。

あれはリリンの生んだ文化の極みだよ、うん。あれ飲むと、あーリリンでよかったーって思うもの（お茶みたいです）…。

とにかく騙されたと思って一度参加してみて欲しい。

社会に対して小さなことでもなにかできるってのは素晴らしいことである。

秋葉原各所に「Ａｋｉｂａ Ｓｍｉｌｅ！」のロゴが入っている

そこで仲間が見つかれば幸いであるし、客観的に見ても正しい行いをするというのはなんだかんだで気持ちがいいものだ。

「いい子ぶってお掃除なんかしてられるか」と若者ならばいいたくなるかもしれないが、物事に対していちいち斜に構えるのもＮＡＲＵＴＯのシカマル風に言えば
「斜に構えるのがめんどくさい」

のである。

可愛い自分には大いに旅をさせるべきだろう。

コスプレ参加も歓迎しているところも注目したい。嫌な顔ひとつ見せずに笑顔で対応してくださるアキバ21の方。ゼッケンをつけるとコスプレの衣装が隠れてしまうことを考慮して「じゃあ、ゼッケンはなしで大丈夫です」と言ってくれる（これに関しては現在審議中）。

衣装が汚れることもあるし動きやすいほうがいいので、コスプレにも工夫を施せばいろんなコスプレの可能性も発見できるだろう。

毎週行われているわりには意外と知られていない、このお掃除イベント。

社員一同で参加しにきている企業さんがいることもあり、高架下の柱にある落書きをペンキで消して回るという大がかりなことをしたときもあった。

ペンキも刷毛も合羽も全部用意してくれてあり

「へー、こういう作業があり、それにはこういう道具を使うのか」

と大いに社会勉強を体験できる。

掃除の参加者への挨拶や声かけなど小さなことからこつこつと繋がっていきたい。

「笑顔で挨拶をすること」

「歩行者を最優先することとその意思表示をすること」

「休んでいる人の側を掃除するときは一声かける」

といった具合に僕は自身にコスプレして掃除する際のルールを設けてある。

ひとつひとつ明記して実践しているわけではないが、基本的に礼儀を最大に考える。礼儀も過ぎれば媚びとなる、といわれるがイメージを一新するにはそれくらいで丁度いい。

ゴミを拾うトングが他人にぶつかったりすることや邪魔になることにも最大限の注意を払う。自分だけが正しいのだ、と我がもの面をするようなさもしい心で挑んでも得られるものは少ない。

こうしたひとつひとつにも自分の精神を高め錬磨するものがある。世の中を変える、自分を変える、それには強い意志が必要なのだ。

自分と公の利になることを理論的に突き詰めれば、これは簡単に求められる答えだ。

礼儀や度胸を養い、人と社会と繋がり、自らを世に通用せしめんとするための有効な道具になるはずである。

掃除が終わった後には貸していただいたゴミ袋と軍手への感謝として本部に設置されている募金箱にお金を入れるのもいい。これも善意のついでである。

こんなふうに工夫をして小さな社会貢献をすることが今の時代は大切である。

貧乏人が貧乏なりに幸せを工夫するように、なにもできないこの社会構造の中で無力なりに工夫をして「なにかをなそう」と前に進むことができるのではないか、と僕は思う。

さらに
「外国の人が話かけてくれたら一言お話をする」

英語や中国語で一言「どこからきたのですか?」というくらいのお話ができるようになればグローバルなコミュニケーションを見据えた活動もできる。

かといってこれらは全部「できる人からやっていけばいい」わけであり、誰かがそれをみて「僕もできるようになりたい」と思ってくれれば繋がることができるし進んで手を取り合いたいと思う。

掃除をしていると
「お疲れさまです」

と声をかけてくれる人やゴミを拾って届けてくれる人、自分のゴミを差し出す人など小さな善意に触れあえる。

小さな善意の積み重ねが社会を形成する。

大事なのはコスプレをして掃除に取り組むということではなく、こうした善意の発露を促すことで「誰でもできる小さな親切」を実践できる社会に導いてゆくことなのだ。

本当に大切なのは地道な善意を続けてくださる市民の方々であることには変わりはない（も、もちろんコスプレのお掃除は大事ですけど）。

「逆もまた然り」とは世の常であり「小さな悪意の発露」「小さな思いやりの欠如」これが社会を形成してゆくこともある。

小さな子供がゴミを持って歩み寄り

「はい」

とゴミ袋の中に捨てる。逃げるように笑顔の家族の元に走っていく姿を見れば本当に大切なものがなんなのか簡単に知ることができる。

「ライ麦畑でつかまえて」の主人公の少年ホールデンが世界中の落書きのすべてを消したい、と傷つく心がある。

こころない落書きのすべてを消すことはできないが、小さなゴミを拾う子供の無邪気な笑顔もある。雑多な情報で溢れるこの街にもこんな一面があるのだということを知って欲しい。

それが秋葉原の「可能性」なのだ。

②それはエコだよ！　いざ、社会参画

Ａｋｉｂａ Ｓｍｉｌｅ！プロジェクトは、特に活発に街づくりに貢献していて秋葉原各所にロゴが入っている場所がある。「秋葉原タウンマネジメント」さんにお話を伺うと、街づくりの柱としてこのプロジェクトは推進されているという。ここまで立派な土壌が整っているのならばお掃除イベントで社会参画するしかないのではないか。

街にはいろんな人が携わり社会が形成されていることを肌で感じることができるだろう。現代社会では特にこうしたものを肌で感じる機会に恵まれない。

あなたの街にだってこうしたプロジェクトはいくらでもあるが、市役所に問合せてわざわざ参加するという人も少ないだろう。だけど

「秋葉原ならおもしろそうだからやってみようか」

そう思って始めの一歩を踏み出してくれれば幸いである。

地元神田の消防署の方が火災訓練や地震の避難訓練を駅前で実施したりと大切なものを伝えるイベントも秋葉原ではよく見かける。

こうしたモデルケースを活かして街が活性化すれば他の地域の自治体が動き出すなど「世界のアキバ」が発信する情報の波及効果で社会を引っ張っていける、と思うのは少々希望的観測が過ぎるだろうか。

しかし柏の防犯パトロールに萌えキャラクターを投入したところ一部にファンができてポスター欲しさに参加している例や、萌えキャラクターを使って町おこしや村おこし、祭り、などを盛り上げようとしている例は枚挙にいとまがない。

萌えのすべてが秋葉原から発生したわけではないが、その象徴であるこの聖地ならさまざまな分野を牽引していけるはずである。

③ヲタ芸をえぐりこむように打つべし！

ヲタ芸（またはオタ芸）といえば、アニメソングやアイドルの歌に合わせて全身を左右に激しく揺らして大きなアクションで踊るものだ。

一般の人にもそんなイメージでだいぶ浸透してきている。一部のコアなヲタ芸をしてきたものたちにすると「ヲタ芸はアイドルを邪魔するとても危険なものである」という認識もある。

以前「朝まで生テレビ」の田原総一郎さんがライブハウスでヲタ芸を打つ（ヲタ芸を踊ることを

打つという）若者を見て絶賛していた。

「あんなに、自分の身体がどうなっちゃってもいい、というくらいのパッションを全身から発している若者の姿に感動した」

のだという。

バックダンサーとしてヲタ芸を打たせていただくこともあるのでわかるが、少しの時間全力で打てばすぐに汗だくになり凄まじい体力を使う。まるでアフリカの民族が踊り狂いトランス状態になるような恍惚感もある（というのは大げさか）。

ヲタ芸は生き残れるか

　みんなで打つときには動きのバリエーションの構成なども即興でいろいろ行うのでバッチリ息が合うときなどはとても気持ちがいい。
　楽しむための遊びの文化としてヲタ芸は認知され外国人への講習などもウケがいい。

恥も外聞もなく楽しもうとする姿は人を笑顔にさせる。

気取らず己の道を突き進む。

常識なんか当てにできない。


本来ならば、ヲタク文化はこうしたロックンロールのような道を進み「真の自由」を求め自らの居場所を確立するためにあったはずである。


これには異論もあるだろうが、いつのまにか「リア充」「勝ち組、負け組」「痛いもの」「腐女子」など言葉の当て方が自虐的だったためもあるのか拗《こじ》らせてしまっている気がする。

「文化を拗らせてはいけない」

④オタ道（ロード）は開かれた

アキバ文化は「反リアル（現実）」ではないはずだ。

だから、「気取りたいのに気取れない」というような情けないものではない。「真面目なものをただ茶化して遊ぶだけの文化」ではない。

心の底から笑いあい、燻っている現実の中で燃え上がる炎の情熱であるはずなのだ。

だから、僕はヲタ芸をえぐりこむように打ち、現実をぶち抜くのだ！

ヲタ芸の問題点もいくつかある。

気持ちよくヲタ芸を打つこともいいのだけど、出てきてくれたアイドルをそっちのけで初めから最後まで盛り上がるのはいかがなものか。

出てきたアイドルには最大限の敬意を払いつつ、ヲタ芸を打つのが肝要に思える（もっともヲタ芸が本来そうである点はさしおいて）。

興味のないアイドルにこそ敬意を払い元気を分けあうことこそオタク道であるように思える。


ヲタ芸をまったく打たない普通の人には経験がなくても、スポーツなどの応援で一丸となり声を上げるときのような感覚に似ているといえばわかるだろう。

「うおーーー、うおーーーー、よっしゃ行くぞーー！」

と腹の底から叫ぶだけだから1人カラオケでもできるが、みんなで一丸となることも可能である。

カラオケヲタ芸なんかでみんなで盛り上がれたら最高のストレス解消になるだろう（ヲタ芸をそんなところに落とし込むな、という意見はとりあえず抜きにして）。

曲によって打ち場所や声の出す場所がわかりづらいが、いつかカラオケの選曲ジャンルにボーカロイドができたように「ヲタ芸」ガイドが付きみんなで盛り上がれる日も来るだろう。

携帯電話にプロジェクタ機能が付きいつでもどこでもみんなでヲタ芸という輝かしい？　未来も遠くはない…。

しかし、ヲタ芸もまだまだ黎明期である。コンサートなどでひとつになって欲しい場面で振付けが複雑すぎてひとつになれなかったり一般の人が入る余地がなかったりする場面をみると、手拍子のほうが本来の目的を達成できているようにも思える。

善くも悪くも日本のオタク文化たるものを象徴しているようにも見えるのがこのヲタ芸なのかもしれない。

ヲタ芸はバブル時代のジュリアナ東京のお立ち台ダンスのように色あせてしまうのか、生き延びることができるのか、より一層の発展と遊び心を期待したい。

ちなみに、コスプレイヤーはアニソンにパラパラ風のダンスを付けて無数のバリエーションをマスターしている人が多くいる。長時間のアニソン耐久イベントなどを覗くと、まだまだ新しい元気が増産されているのを知ることができる。

5　夢を叶える希望の街

①深夜の行列自演乙！

ドラゴンクエストの発売日といえば名物になった前日、いやもっと前から並ぶ猛者もいる長蛇の行列がある。

ドラクエⅢ（１９８８年発売）の頃からは毎回発売の度にドラクエ狩り（ドラクエを買った人を脅して巻き上げる）などもあり社会現象になった。

こうした文化は連綿と続いていて僕も深夜の行列にコスプレをして並んだりしてはこの「祭り」を共有した。

インターネットが普及し始めると簡単に予約できるようになり、コンビニの流通の発達やゲームソフトもカセットからＣＤに移るなどでプレスしやすくなり入手困難ということはあまり見られなくなった。

さらにキラーコンテンツが多様化しゲーム離れが進むと、こうした行列など無駄な労力でしかなくなりつつある。
それでも行列をつくり「祭り」を楽しもうとする人への賛同の意味も込めてサプライズで深夜の渋谷でコスプレをしたりもした（初めてのときはビビり倒した。今思うとこの頃はまだまともな感覚を持っていたのだな～）。

近年、深夜の行列は近隣の苦情や警備上の問題もあり管理しきれないリスクもあるので行列をつくることを避けるお店が増えた。

こんなことがあった。

超大作のゲームソフトが発売される前日、僕も行列を並ぼうとかなり早めの時間帯から秋葉原のお店に行った。

「列をつくるというのはしておりません」

と店員さんは対応する。

とりあえず入り口横で待つ。

夜遅くなり店の閉店時間が近づいてくると、ポツポツと人が入り口近くに遠巻きで待

深夜の行列も文化？

つような格好を取っている。話しかけてみると、

「はい、僕も並ぼうと思っています」

ということなので次第にそれがきちんとした列になる。

もちろん店側は認めていない非公式の列なのだけど、これがどんどん膨れ上がっていく。

こうなるとどこからみても明日のソフト発売を待つ公式な行列であることを疑うものはいなくなる。


僕の前に早くから並んでいたのは、ドイツからわざわざこの発売に合わせて休暇を取りやってきた人でヘッドフォンをつけてニンテンドーDSのラブプラスをやっていた。

日本語を電子辞書で調べながら悪戦苦闘する姿に感動した僕はすっかりその方と打ちとけていろんなお話をさせてもらった。

閉店になると店員さんが
「列をおつくりしておりませんので、この列は無効になります。朝、改めて列をおつくりするのでご了承ください」と説明する。
動かない列。
店員は上司と相談している。しばらくすると通路のお掃除を始めるためか列をどかしながら業者

風の人がモップ掛けを始めて列を散らそうとする。
それでも列は順番を保ったまま移動するだけでまた元に戻る。

「え～、これいったいどうなるんだろう」

何度もこうしたいたちごっこのようなことが繰り返される。次第にみんなそれを楽しむようになっていった。

「こうした文化も祭りのようなものだから、あえて規制しなくたっていいのにね」

とりわけ行列をつくっても通行の妨げにも近隣の迷惑にもなるような場所ではなかったからなおさらそう思えた。

しかしトラブルがあってはいけないのでお店側も苦慮しなければいけない。

何度も「列は無効になります」、と主張する店員の話に納得をした数人は列から離れる。

「コレ、コノママダト、トラブルニナリマスヨ」

とドイツから来た方がいう。

それはそのまま現実になった。

②祭りたいのに祭れない、てゆーか一触即発？

朝が来た。列が無効だと思って列を放棄した人たちも戻ってきて遠巻きに列を見ている。

そして店員はついに正式な列をつくるため手を挙げる。

「では今から列をつくります、こちらにお並びください」

僕たちがつくった列とはまったく逆の方向から並ばせようとした、瞬間。今まで成されていた列はものすごい勢いで崩れて店員の前に押し寄せた。

最後のほうで並んでいた人にはなぜそうなるのかさえわかっていなかっただろう。

僕の目の前で人々が押し合い女性まで挟まれ

「やめろ」

「押すな！」

と怒声が飛び、場は緊迫した。

ギリギリのところで互いに譲歩し、だいたい並んでいた列通りに、あとは力ずくで押し入った人も混ざるというので収まった。

ふー、とりあえず怪我人がいなくて幸いだった。

僕は祭りとして楽しむために来ていたうえに前のほうにいたので買えなくなる、という心配はなかったので争いには加わらなかったが、限定版や数量の少ないものが目当ての人は気が気じゃなかっただろう。

こういうことがあるから列をつくりたくない、というのが店側の本音だろうが、この場合、早めに列を認めて整理券を配って解散させるのが一番有効な対処だっただろう。

それさえケースバイケースで、どんなトラブルが起こるかはわからない。

しかし大行列をつくる文化を楽しもうとしたゲーム好きの人たちの側に立ちたい。なんでもかんでも管理してしまい、そこに宿る情熱や文化を大切にしない消費社会は文化を先細りさせてしまう気がするからだ。

ここでもまた歩行者天国や諸問題と同じく、文化のひとつを失うことは寂しいことだ、という思いに繋がる。

それに通じるかはわからないが、前にボクシングのテレビ観戦をしたくて大きな家電屋のテレビ売場に行ったとき、どのテレビにも試合を放送しているチャンネルが映っていなかった。

リモコンを取りチャンネルを変えても映らない。店員さんに事情を聞いてみるとどうやら「スポーツ観戦によるトラブル回避のために映らないようにしている」という。

これに関しても事情があり、なにが正しいとは決められないが、寂しい話である。結局はトラブルがあることによりどんどん人の自由は奪われてしまうのだ。

昔のような人情味の溢れる文化が残れば、人と人はもっと繋がりを持ち、それがオンリーワンの思い出になったりする。

管理された箱の中ではプログラミングされている思い出しかつくることができない。さすがにそこまでいうのは了見の狭いものの見方であり、人間の感性はそんなに柔軟性のないものではないのだけど

「安全」「安心」「快適」「便利」「孤独」

の世界が万能でないことはもう充分すぎるほど世相が明らかにしているはずである。

③ガンダムカフェはいいものだぞぉ！

2010年4月24日の秋葉原駅、電気街口改札を出てすぐ右にガンダムカフェが堂々とオープンした。こうしたコンセプトカフェと呼ばれるものは数あれど、ここまでどうどうと駅前高架下に構えているのはなかった。その勇姿をぜひ見ていただきたい。

あの手この手で小さく居を構え、ニッチな隙間を狙って新規参入してきた萌え店舗の栄枯盛衰を

見てきた中、さらにホコ天復活もままならない現実の中に打たれたこの一矢はとても意義のあるものに思えた。

そしてゴテゴテと飾りすぎない外観や遊び心を盛り込みつつこだわったメニューと妥協のないアキバ名物「ガンプラ焼き」の完成度。お客さんの快適な空間をつくるためにお店の回転に固執しないゆったりとしたテーブルになっているのも好感がもてる。

なんだか回し者のように誉めちぎっているように聞こえるかもしれないが、そこには本物のディティールがあった。

ガンダム縛りでよくぞここまでできるものだ、と感心する。歴代テーマソングは流れるしリミックスした音楽もたくさんあり現在進行形のガンダム文化は終わることなく常に新しくあり続けていることを表現している。

２００９年の衝撃的なお台場１／１ガンダム立像も背部スラスターやふくらはぎ、ポージング、細部のディティールにこだわったことで作品の根底にあるプロフェッショナルの「ものづくり精神」を世に知らしめた。

18メートルの立像を東京に立てるということに諸々の許可を含めクリアしなければいけない問題が無数にあったという。これらはすべてサブカルの歴史とそれへの理解があって初めて実現する夢なのである。

連日世界のメディアも多数取材に来ていた。「この文化に誇りを持っていますか」とインタビューされた。

他にも中東のテレビ局が来ていて、ガンダムの真下にカメラを入れることの対応を待たされていると（時間が遅かったので閉じていた）「祭りじゃないのか？　日本人はヘンだ」と笑っていた。

ガンダムカフェの休日の行列や平日も賑わっている姿をみるとファンや作品への感謝の気持ちが溢れてくる。

「こんなに本気で遊びをやっている人間がいる。それだけで世の中捨てたもんじゃない」と思えてくる。

「たった一機のモビルスーツが戦局を覆す」

そんな本当のアニメのような夢物語が現実になりつつある。そう考えると秋葉原がとてもロマンティックな場所のように思える。

秋葉原再開発の大地に立つガンダムカフェは、アニメ文化と秋葉原は伊達じゃないことを僕たちに見せてくれた。こんな場所なら人の心の拠り所として聖地と呼ばれるにふさわしい街なのではないだろうか。

さらに2011年9月29日には、ＡＫＢカフェ＆ショップがガンダムカフェの真横にオープンした。秋葉原の熱い戦いはまだまだこれからのようである。

第4章「こんな時代に秋葉原が通用するのか」

～がんばろうクールジャパン～

1　アニメじゃない、リアルを超えろ秋葉原

①とりあえず秋葉原からはじめよう

秋葉原の情報ばかりを発信して毎日のように通い詰めても当然「人はアキバのみに生くるにあらず」である。

震災後にがんばらなければいけないのはもちろん、東日本の復興であり秋葉原にばかりかまっていられるわけじゃない。

ところが、簡単に補えるわけのない復興費用や世界経済の混乱などを鑑みると、今目の前にある世界をがんばるしかできることがないのがわかる。

一時の感情で救えるような簡単な未来じゃない。

焦土の中から立ち上がる本物の勇気や情熱で大きな一歩を踏み出さなくてはいけない。

かつての歩行者天国がそうであったように、僕たちは「世界のアキバの持つ力」に甘えていた。

なんでもありの自由な場所で遊び、いつまでも子供のままでいたような気がする。

突如訪れたモラトリアムの終わりに直面して僕たちは情熱を失いずるずると時代の流れに身を任せるのか。

それとも自ら奮い立ち日本を立ち直らせて戦後日本のように時代を、世界を牽引していくのか。

もはや考えるまでもない。

先進国のさらに先へ、過ちを乗り越え革新的な魂を持ったニュータイプとして僕たちは行かねばならない。

なんだか抽象的なことを並べて大風呂敷を広げた感は否めないが、

「じゃあそれをするにはどうすればいいか？」

それはつまり
「秋葉原から始めてみようじゃないか」になるわけである。

そう震災前のモラトリアムと同じように「とりあえずアキバ」に行けばいいのである。

「不慣れですがよろしくお願い申し上げます」 by 若葉

それを真摯に考えてみればきっと答えは見えてくる。

「歩行者天国のお掃除ボランティア」

「コスプレイヤーを呼び戻してアキバに活気」

「世界のアキバの街づくりの成功により外国人観光客も急増、各地も活性化」

「人との繋がりのある社会の形成」

「若者は大人になり新時代を担う旗手として共存共栄を計る」

「世界中の虚しい争いも遊び心を取り戻した心により平和裡に静まる」

という超希望的観測のシナリオも可能なのではないだろうか。

サブカルチャーは確かに娯楽にすぎないかもしれないが、秋葉原の街づくりは決して娯楽などではない。

現実の様々な問題を抱えつつそれをクリアしていく冒険が待っている。

歩行者天国の復活、そして試験運用を経て正式再開。日本社会全体が閉塞感に覆われる中、この国のキラーコンテンツ「世界のアキバ」が一肌脱がずになんとする。

表紙に描いていただいた絵はそんな秋葉原をイメージした。

「ええい、こんなもの！」

と猫耳を外してみても僕たちの愛した文化は簡単に捨てられない。それを握り締めて向かい風に立ち向かう。真っすぐ視線の先にある希望から目をそらさずに歩き出す決意が込められている。

この終章では、いよいよ着地となる「世界アキバパレード」及び、社会との大いなる対話に向けたメッセージを送る。

「萌え文化」と「電気の街」秋葉原の要素をさらに高めるマネジメントをして世界に通じるアキバとして生まれ変わり困難な時代を漕ぎ出すのだ。

②節電も秋葉原からはじめよう

電気屋さんを巡り、中古ショップなどでも話を聞いて買い物上手を楽しむ。これをアミューズメント、というのは大げさだけどどこうした一連の流れを楽しむという消費のあり方がある。なんでもかんでも秋葉原がすごいわけではないが、それでもやっぱりアキハバラってだけでなぜかテンションが上がったりする。

震災後に節電を呼びかけられ始めたとき、アキバのヨドバシカメラが巨大な店舗前面の照明を営業中に必要なもの以外消灯した。

その暗闇の中に聳える異様な光景は、率先して節電をアピールする姿としてインパクトが大きかった。同じ例では大阪の道頓堀名物「グリコの看板」も同じであろう。

かつての秋葉原は無法のレッテルを貼られたらみんながそのイメージを拡散させた。こうして名物と呼ばれるものが先陣を切ったとき、人々の心を大きく勇気づける。

秋葉原の街の向かう先が希望であれば、それだけ人々は心に希望を灯すことができるのだ。

これを大げさだということもできる。

しかし大げさな情報を人は嫌うだろうか。

誇張された情報に踊らされていつも社会は動いていることを考えればいい。嘘や誇張をしろ、というわけではない。ただ歴史の流れの中に埋もれてしまった前述の人々の希望への願いを丁寧に汲まなければ僕たちの社会はなにも成長してこなかったことになる。少なくとも煽り続けたメディアは希望の物語を大きく取り上げる責任があった。

データの分析や専門家の言葉で納得のいくような答えが出るのであれば、もうとっくに答えは出ているはずである。

当たり障りのない言葉を選ぶということは責任を放棄しているのと同じである。

しかし、今さらメディアが大きく変わるとは思えない。

ならば秋葉原から本物の希望を始めよう。

③現実を笑え、現実で笑え

2ちゃんねるを始めとしたネットの巨大掲示板は現実の出来事をあの手この手でふざけながら遊び楽しみ、顔文字やアスキーアートと呼ばれるもので表現としての発展にも寄与してきた。ニコニコ動画もメジャーなメディアと次々連携を始め情報発信側としてのコンプライアンスも得て知られるようになり、こうした現実を遊ぶ文化の裾野を広げた。いまやオリコンチャートを揺るがし続ける大きな力となっている。

現実を笑うことは堅苦しい固定観念を壊すことになり、本質的なものを教えてくれる。もちろんそれは、ものや程度にもよる。愚痴や陰口、礼を欠いた告げ口や暴露話に明け暮れることはこんな震災後でさえも終わろうとしない。

明確な方向性を持たない自由の先にあるのが心に潜む嫉妬や憎悪だとしたら悲しい。

本質だ真実だ、というようなことをいったところで人はたとえ裸でも「仁、義、礼、知、信」などを纏って生きている。

無用の用という言葉もあるようにただ正直に言葉を放ることが正しいと思うのはあまりに若すぎる。

「これが若さか」

というのなら許せるが、いい大人まで同じようなことを繰り返していれば社会は成熟しない。

パソコンの前でニヤニヤしながら他人を貶める姿は悲しい。

晒されている人間からすれば対多数の場合は当然として、一対一だったとしても始終その否定的な言葉に苛まれることになる。

知らず知らずに人を追いつめいじめる構図に似ている。これは批判にさらされる側も十分把握していないと苦しむことになるだろう。

繰り返し述べてきたが、もはや無数の情報に晒されるリスクを常に持っている現代において必要なのは、最低限のリテラシーである。

「お前ら悔しくないのかよ！」

わかりやすい漫画のエピソードがある。

「賭博黙示録カイジ」で主人公カイジは借金地獄から抜け出すために、他人をハメて落としあうゲームに参加する。

陥れられて馬鹿を見る正直者、共闘を誓った仲間にまで最後の最後に裏切られるカイジ。

しかし最後まで希望を捨てずに執念で生き残ったカイジ。

媚びへつらい手のひらを返す仲間や利をチラつかせて交渉を持ちかけてくる輩をみてうんざりする。

「もううんざりなんだよ！　お前ら悔しくないのかよ！」

カイジは叫び、近くにある机を蹴り続ける。

結局人は、とどのつまり己の利ために生きている。それを否定しても仕方がない。そして互いに足を引っ張り合い幸福から離れ嘆く。

それを笑うのは誰か。

アニメや漫画の物語にいる悪の親玉そのものではないだろうか。

宗教や神話に悪魔のようなものが出てくるとき、それは人の愚かさを食い物にする。

僕たちが何気なく見てきたアニメにもこうした符合が見て取れる。

僕たちは勝たなければいけない。

机を蹴れ、というのではない。むしろその感情の発露が取り返しのつかないものに向かえば危険である。

だから僕は笑う。

現実を笑い、現実で笑うのである。

くだらない欲望に流されて過ちを繰り返すのを笑う悪意のうねり、その悪の親玉に対して「笑う」のである。

ただ、ここでもやはり抑えておきたいのは「言うのは簡単だ」ということである。きれいごとを並べても現実は変わらない。簡単に変えられるのならばもう簡単に変わっている。

地に足を着けるのを忘れてはいけない。それぞれがよくよく吟味工夫すべきだろう。

まる投げしたように思われるかもしれないが、それぞれが考えることがとても大切だ。

宮本武蔵の「五輪書」でも同じように個々が工夫すべきである、と何度も訓戒されている。

この社会を生きるにおいて根本的に必要なものはそれほど多くない。

それぞれの分野において必要な知識は当然あるとして、あとは感じるものすべてを糧として心を磨き笑顔で生きることなのだと思う。

現実の歪みを狙い撃とうとして倒れていった戦士たち
だから僕は笑う。

東日本大震災が起きた、こんな時代。

いよいよ「心の歯車」が必要になった。

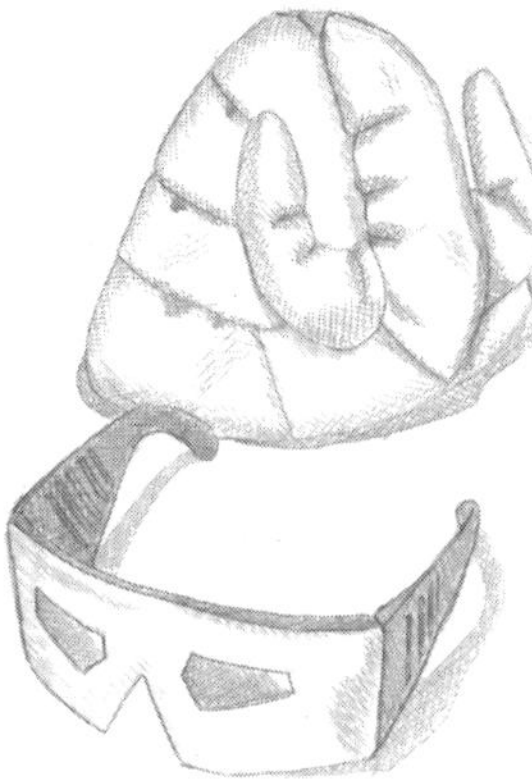

自分の人生とはなにか？

④自分の人生を歩め

もうつまらないことにかまけている暇はない。

若者はリアルな世界を広く見聞しそれぞれが道を歩まねばならない。

どうか自分の人生を歩んで欲しい。

ネットでのくだらない足の引っ張り合いで言葉を弄して他人も自分も追いつめてはいけない。

しかし、とどのつまり「人の悩みは人」に尽きる。

本当の敵はそんな相手じゃないはずだ。

ささやかな人生を鼻で笑い偏見を押しつけのさばる強者のシステムではないだろうか。

じゃあ、それを壊すか。それとも逃げるか。そんな負の感情に囚われた心を僕たちの愛したヒーローは嫌ったはずだ。

本当の自分はそんな姿じゃない。

人間というものは文化を通じて幸せになる権利が誰にも保証されている。

今の世界を精一杯笑って生きればいい。心を研ぎすませて、いかに世界が広いものかを感じられるようになればいい。

歩行者天国が復活しても自由がない、と文句をいって、ただ与えられたルールに縛られ生きていく。

不安や恐怖に打ち勝つ言葉も紡げずに、手に入らないものばかりを見て愛の意味さえ知らずに暮らす。

それじゃあ、いったい僕たちはいつ笑うのか。

僕たちは誰の人生を生きているのか。

幸い「ドラゴン桜」の桜木先生のいうように僕たちにはインターネットもあれば図書館もある。知りたい情報にアクセスしようとその気になればいくらだって知ることができる。貧しい国や昔の人に比べれば、圧倒的に「できること」に溢れた世界に生きている。

「繋がり」を持てばいい。繋がる術を知ればいい。

人と社会と理性と繋がること。人類が培った英知にアクセスして本当の自分を高めること。自分で自分を必要として欲しい。

⑤ＤＱＮもリア充もすでに死んでいる

オタキングこと岡田斗司夫氏が「オタクはすでに死んでいる」で「文脈を読めずにオタクを名乗る人が多すぎる」と論じている。

だから、オタクはすでに死んでいる、というのだ。

きちんとオタクやファンを名乗るならば本当に作品や文化を思うべきである。

矢沢永吉さんのコンサートに行くと前線を張っているコアなファンは新しくきた若いファンを大事にするためすぐに仲間になるという。みんながみんなそうであるかはわからないが、これも矢沢ファン、なにより矢沢さんの器がなせる業だろう。エネルギッシュなステージは本当に愛されメッセージが伝わっている証である。

それを思えば

「俺たちのアニメはこんなもんじゃない」

きっともっとわかりあえる、と思うのである。

それ故ＤＱＮもリア充もすでに死んでいる、といいたい。

前述したようにＤＱＮという言葉で迷惑者にレッテルを貼って傍観者になること自体になんの生

産性もなく本質を見失うＤＱＮ的な社会の土壌をつくることに寄与してしまうからだ。もっとも仲間内でのことや自分を自虐的に辱めるために便宜上使うのならば問題はないが…。

リア充も同じで、恋人がいる＝充実しているという構図そのものが貧困である。

基本的に冗談などで使われる言葉なので問題はなく言葉遊びのようなものだけれど、「リア充氏ね」だとか「爆破してやる」だとかという表現がたやすく使われるようになると、これは他人も自分も追いつめることになり、派生する言葉の持つ力をないがしろにすることに他ならない。

言葉ひとつにムキになっているように聞こえるかもしれないが、人を卑しむために言葉を使うのはよくない。

どれだけ形を変えようとも、

「あなたはその言葉を使って人を愛してゆくのだから」

言葉を弄びすぎて大切な想いが伝えられずにリアルで挫折して欲しくないのだ。

説教臭いがここにひとつくらいこの石を置くのが大事だと思ったのであえて書かせていただいた。

自虐的なイメージそれ自体をネタにして文化として勃興した点も多くあるが言葉の当て方ひとつを大事にしていくことを学ぶのも必要である。

「そんなことが怖くてオタクをやっていられるか！」

というのもわかる（というよりもだからこそ独自の発展を遂げたとさえいえる）が、さらなる文化の発展を鑑みても蔑称をたやすく氾濫させるのはよくない。

「クールジャパン」と世界中でいわれるようになったこの言葉がオタクにとって代わるかはわからないが、「世界が憧れる誇り高い文化」としての意味の広がりを持つクールジャパンという言葉はオタクなどというものよりもよっぽど現状を反映したものに思える。

同じく痛い車の意味でアニメ等の女の子のキャラクターのイラストを貼りつけた痛車（いたしゃ）も似ている。だから、痛車と呼ぶことを嫌い「萌車（もえしゃ）」と呼んでいる人もいる。（同じく鉄道好きは鉄道マニアと呼ぶ）

ガンダムカフェのオープン初日にジオン軍のマークの入った車を颯爽と店前のロータリーに横付けした車が来たときはとてつもなくクールだった。

痛車、もとい萌車も人の心を打つものなのである。

よくアメリカの軍人が自分の戦闘機に愛人の名前や絵を貼りつけているノーズアートと呼ばれるイメージがあるが、それを考えれば時代の推移と共にこうしたものが生まれるのもまったくもって自然な考えだ。

言葉も文化も呼吸をする。弁証法的に揺ぎの中から新しい価値を紡ぎ出し、次代を担う強い言葉と文化を僕たちは生み出すべきなのかもしれない。

2　こんな時代だからこそ秋葉原は通用する

①終わらせるべきもの・立ち上げるべきもの

震災後の世界でもなお「まったりとしたモラトリアム」を遊び続けることは恐らく許されないだろう。いたずらっぽく現実を遊んで責任を取ることもなく人を傷つけることも終わりにしなければいけない。

今こそ正義を立ち上げるときが来た。

秋葉原を始めとして現実を遊んできた自由で柔軟な文化が現実に通用するか真価が問われる時代が来た。

「通用するか、じゃない通用させるんだ」

僕たちがサブカルを通じて学んできた愛や平和を現実にさせる。

現実はままならない。常にままならない。

それでもこれだけはハッキリしている。

人は幸せになるために生きている。


幸せの形は無数にあるが世界中を見渡せば自分の考える幸せや悩みがいかに薄っぺらく限定的であることか。

人は人である限り小さなことで悩み苦しむ。それが人情である。

震災後を生きている僕たちならば今こそ生きる意味がなんであるのか少しはわかる気がする。

共有できる想いを今なら持てる気がする。今までの文化が通用しないくだらないものであったのかどうかはこの後の僕たちの振る舞いが決めることだ。

②アキバへ恋！

歩行者天国で掃除を始めたときに気づいた。

「そうか、こんなにシンプルでいいんだ。」

ポジティブな言葉を投げあう人たち、

「そうか、これでいいんだ。シンプルでいいんだ。」

小さなことだからこそ誰もができるし伝わっていく。

僕は難しいことをしようとしていた。

「サブカルの愛を理解、メディアに真実を報道させる」

そんな急ぎすぎたシャア・アズナブルのようにではなく、目の前にいるアムロ・レイのように絶望せず、大好きなものに夢中になり、急ぎすぎず、ゴミを拾い、挨拶をすればよかったのだ。

「アキバへ恋！」というボランティアサークルを立ち上げた。読んで字のごとく秋葉原に恋をして欲しい。そしてなにより
「秋葉原に来て欲しい」

僕たちは現実を遊び、逞しく笑ってきたはずである。それが不毛に争ったり、ネガティブな言動ばかりに引かれている。

僕たちはもっと自由なはずだ。僕たちはもっと強かったはずだ。

今この日本って国は、秋葉原って街は、時代の中で、世界の中で、埋もれてしまおうとしてる。

アキバに来るといい。

全部わかるから。

不安も恐怖もない。治安がある、笑顔がある、掃除をしてパトロールをしている市民がいる。

人はそんなに愚かじゃないことがわかるから。

他人を憎み妬み嫉み、疎ましく思う心を覆う閉塞感、
そんなものこのサブカル魂で押し返してやる！　人の心は伊達じゃない。

③シンプルな答え

アダルトゲームや同人誌、ネットの新しい文化や大人と若者の関係など一連の課題を振り返ると歩行者天国の事情と同じでリテラシーの重要性が見える。当然といえば当然すぎる話であるが、事象はこうして相似系をみせることを考えると、社会が強く柔軟な哲学をもつことが解決の方法であることがわかる。

巨大量販店の陰には経営に苦しむ電気店があり、オタク文化の台頭の裏には電気とものづくりの街の顔がある。

規制やルール、表面上の情報だけで自由を管理運営することはリテラシーの、しいては考える心の喪失を招く。それはあたかもコンピュータウイルスの侵入を許すことに似ている。「ゾンビ」と呼ばれるコンピュータの状態のように知らずにウイルスに利用されて悪意なく偏見や社会の停滞に荷担し多くの他者を脅威に晒してしまうことになる。

冷静さを欠いた弱い心が引っかかる情報は震災時のデマのように容易に拡散するだろう。

答えはシンプル

社会は無菌状態ではない。

だから、それぞれがウイルス対策ソフトを入れるように常に考えていける力を身につける必要がある。それは難しい知識を身につけるということとは違う。

大事なのは「愛や夢」に立ち戻り広く物事を見て多様な世界を受け入れることだからである。「愛や夢」という言葉の意味を真摯に考えることであり古人は愛の安売りをしてきたわけではない。

そこには対話がある。対話に必要な言葉がある。礼儀を持った他者への配慮も必要になってくる。

そしてアキバ文化が得意とするユーモアや遊び心も心を疲弊させないためには大いに必要である。

答えはシンプルであり、シンプルなものから組み立てられる。

便利になり「いつでも考えていることが相手に伝わる世界」がシンプルで理想のように思うのならば、それは違う。人間の一部の器官だけで生み出された情報を人の心のように誤解して発信させてしまう出力装置はその時点で大きなミスリードを犯す危険があるからだ。好き勝手に情報にアクセスできることはそれを短時間で加速させることも容易である。現実の物事は白か黒では計れない。ロジックもうまく通用するとは限らない。理不尽なものに屈することもある。

しかしそれは文化や歴史を学んでいけば些細なことである。自らを人の育んできた世界と「繋げる」ことで心は寛容になれるはずだ。人間が人間であることが、いかに優れていたことであるかを認識することで、本当に必要なツールがなんであるかもきっとわかるだろう。

④終わってたまるか世界のアキバ、人の遊び心は永久に不滅です

秋葉原とはなんなのか。その要素をいくら分析してみても同じ街をつくることはきっとできない。日本の各地で第二のアキバを目指して街づくりが行われ海外でもアキバのような街をつくりたいという人たちがいるという。

人の手で思うように動かすことのできない力が秋葉原をつくりこの街の魅力が授かりもののよう

なものだとしたらどうしたって「世界のアキバ」はこんなところで終わっちゃいけない。

秋葉原の歩行者天国で路肩に落ちているタバコの吸い殻を掃きながら歩いていると、おもしろいものをたくさん見ることができる。「まるで街全体が毎週祭りをやっている」みたいなのだ。

ずらっと並んだ電気屋にゲーム屋、各店舗が店頭でイチオシのゲームやアニメの映像をモニターで流している。

歩行者天国で開放されている車道を歩きながら見て歩くと、街が巨大なイベント会場と化しているように見えるのだろう。

これを意図的に発展させていけば、この街は毎週どでかいイベントを行っているようなすごい街になるのではないか、と感じた。

店がタイアップしている作品があるところはオリジナルのＣＭナレーションを流しお客さんを引きつける。斬新なモデルケースが秋葉原なら可能なのだと思わせる。

店ごとに毎週わくわくするような仕掛けを用意してタイムリーに楽しめる。

秋葉原ならではの街づくりになるだろう。

そんな街のど真ん中でコスプレイヤーが仲良く手を取り合って掃除をしている。こんなに近くにある理想に取り組まずしてどうするというのか。

さあ、今すぐアキバに来い！

3　これが本書の真の目的である

①世界アキバパレードへの道

名古屋で行われている「世界コスプレサミット」とそれに順じて行われているコスプレパレード。ここで「世界のアキバ」が沈黙しているわけにはいかない。

今こそ「世界アキバパレード」で立ち上がるべきだ。

集合場所の広場では各店舗のメイドさんが飲み物を配り、出発進行の合図と共に鉄道ファンが指差し確認で見送る。声優たちがアニメやマンガの名台詞を叫び、若者がシュプレヒコールのように後に続ける。

二足歩行ロボットが手を振りながら歩き「ものづくり」の技術をアピールする。

ラッピングされた萌えバスの上から歌姫がアニメソングを街に響かせる。その映像が電気街の各店舗の店頭ディスプレイすべてに映され、ビルの大きなスクリーンの下では若者がヲタ芸を打つ。

ゴールではアイドルがステージで踊り歌い、バックスクリーンでボーカロイドが共演し、すべての人が熱狂する。

世界中の人々がインターネットを通じてその映像に歓喜し、そこに宿る文化を愛する心に驚嘆する。

これが世界アキバパレードである！　それは、人類史上前例のない平和な革命として語り継がれる。

もちろんあまりにクリアしなければいけないものが多すぎて絵空事のようであるが、いつかそんな大きなアキバパレードを見てみたい。

②大人との繋がり

かつて秋葉原の電気街を盛り上げ第一線でマネーゲームに翻弄されながらも「ものづくりの街」としての秋葉原を守り活躍してきた方たちも高齢になり現場を退き病床に伏している方もいる。

大人たちが「これからの秋葉原が心配だ」と漏らしているという事実を知ったとき、胸が張り裂けるような思いがした。

そんな方たちの安心した顔がみたい。いや、

「安心させてやろうじゃないか」

実際に歩行者天国が復活してから1か月経ったころ、歩行者天国を運営している組織「アキバ21」の会長の方たちとテレビカメラも入れての直接お話させていただける機会があった。

若者文化は正直理解しかねるが、それが今の若者であることもわかるので我々としては「解りたい、しかしどうしたらいいのかわからない」という気持ちがある、のだという。

僕は正直に若者を信じてくれたことへの感謝を伝え、過ちや行き過ぎのあったことを謝罪し、すぐにすべてが解決するわけではないが少しずつ社会全体を通じて学ばせていただきたい旨を伝えた。

そして本書に書いたように秋葉原の発信力があれば社会は少しずつ変えられるんです、とプレゼンさせてもらった。

完全に了解を得たわけではないが、握手で会談は終了した。

心行くまで話ができたというわけではなく「ただ感謝を伝えた」くらいに留まった。

これからが勝負だと思った。

そして震災があり、歩行者天国はもう一度、休止、再開を経て今の正式運用に至る。

本書の執筆にあたり街に古くから住まれて、店舗の経営をされている方に直接お話を伺った。

「コスプレなんかあんなの文化じゃない」

と半ば怒られるような形になってしまい、若者文化の理解への溝の深さを感じた。

粘り強く話を聞かせていただくと見えてくるものがあった。

「いたわり」

それが若者にはない、というのである。つまり相手の苦労や立場を汲まずに無茶を要求するというのだ。

しかし考えてみるとわかる。

「世の中は便利になった」

その利便性を生身の人間に求めればそれは無茶になる。いたわりがないように思える小さなことがこぼれ落ちてしまうのも無理はない。

「話し合いをしてこなかった文化」の弊害もある。

僕たちは話し合いをしてこなかった。なぜなら、その必然性がなかったからだ。オタクなどの文化は一方的に盛り上がっても成立する分野だったので大人たちとぶつかり合わなくても発展できてしまった部分もある。

コンピュータ、通信技術の発達、それらが促した道だったのかもしれない。

「誰が、悪いわけでもないんですね」

そういうとお店の方は「しつけ」と「教育」の大事さを語る。

「オタクの文化でコスプレの街だ、なんてふざけるな」

という。

僕は自分がやってきたことや今取り組んでいる事情を丁寧に話した。

「なにもしないよりはいいよ」

なにかをすることで人は互いの心をぶつけあい発展していく。

それがいつか文化と呼ばれるものに育っていく。

「君のやっていることは間違いじゃない」

と結んでくれた。


どうすれば安心してくれるのだろう。

僕たちが去ればいいのだろうか？　いや、きっとそれは違う。今、元気を出さなくちゃいけない時代に後ろに引くことなんてできない。

思いやり、労りの心を持ちながら人を愛し生き抜く術を身につけるしかないだろう。

次代に繋がる「ものづくり」を、人の心の育て方を見せていくしかないのではないか。

挨拶、小さな声のかけ合い、そんな細い「繋がり」を大事にして心を通わせることを続けるしかないだろう。

どうか大人と話ができる人になって欲しい。
その意味がわかる人間になって欲しい。
そして大人は若者の話に耳を傾けて欲しい。

③嘘から出た真、アニメから出た現実

インターネットで情報の革命が起こり、インフラがいよいよ末端に行き届くとまでいえるほどに整った。

いったい人類はそこになにを流すのか。ウイルスのような敵意に満ちたものか、トイレの落書きのようないたずらか、欲望に満ちた痴態か、それとも希望か。

フェイスブック革命に見られるのがひとつの答えなのだろうか。これは抑圧されていたものからの解放へ向かった自然で必要な流れなのかもしれない。

今の日本のような自由に迷う国の向かう道こそが、本当の人の姿を示唆するものだと考えることもできる。

希望か絶望か、のように言えば大げさなように思えるが本当に今、革命が起こっていることは疑いようがない。

脳神経などの回路は「反復し同じ信号を繰り返し送ることで強く太くなる」だとしたら僕たちは「希望」を繰り返し送り続けなくてはいけない。

「オタ中国人の憂鬱」（著：百元籠羊）で書かれているように「日本鬼子」という中国で使われている日本人への蔑称さえも、萌えキャラクターとして遊んで交わす遊び心が僕たちにはある。鉄腕アトムを夢見て電子工学で名を上げた方、機動戦士ガンダムに憧れて宇宙ロケット開発の道を進んだ科学者、キャプテン翼に憧れて世界のスターになった選手。

遊ぶ心を真剣に考える文化は1／1ガンダムを立ち上がらせた。等身大エヴァンゲリオンに鉄人28号、コンビニにはゲームの回復アイテムが売られる時代。ガンプラづくりや信長の野望を題材にした授業。ポケモンカードから漢字や英語を学ぶ子供。

戦える武器は十分に揃った。

放置された「誰でもよかった」「死にたかった」という悲しい言葉。

お前の愛したアニメはそんなものか。

「アニメなんか見てるやつは弱いと思ったから」というオタク狩りの言葉。

弱いものいじめなんかしているお前はいったいなにを見たという。

人を、世界を愛する心を紡ぐんだ
現実に繋がり現実で笑い未来を夢見ろ
俺たちの二次元は世界中に広がる二次元だ
それを信じる俺たちの心は無限の可能性を持っている
すべてはフィクション
その報われぬ事実を抱え現実を生きることができるのは誰でもない君しかいない
心はブラックボックスなんかじゃない
矜持を胸に愛と正義を牽引する時代が来た。

震災後にツイッターなどのメディアにはさまざまな漫画家やアニメーターからの激励イラストが届き日本中を勇気づけた。

ウルトラマンなどの特撮ヒーローからも子供たちにコメントが寄せられていた。

あれほどの巨大な国難は本当に大切なものを浮き彫りにした。

世界に広がり愛される文化、僕たちの心の中に根付いたものは、こんなときどんな花を咲かせるか真価が問われる。

④リアル人類補完計画

なぜ本書はあるのか。

なぜこんなことを語るのか。

コスプレイヤーはいなくなった。少しずつやってくるようになったコスプレイヤー。そこにはルールを厳守しようとするための軋轢があり誤解や偏見も生まれた。

文化にはさまざまな歴史があり分析して記録することはできる。

しかし「血の通った歴史の流れを語り継ぐ」ことをしていかなければ、僕たちの社会はただ淡々とそれぞれが個々を生きるだけになり同じ過ちを繰り返すだろう。

秋葉原になんか興味がない。それほど縁のない人がほとんどなのはわかっている。

世界のアキバといわれたところで「たかがアキバ」である。

しかし世界に愛される日本のアニメーションを含めたサブカルの象徴という意味では「強力なコンテンツ」である。

メディアの発達を考えれば、この肥大化した秋葉原のあり方で世界を変えるメッセージを発信できるかもしれない。

マジンガーZのように神にも悪魔にもなれる、という大げさなものではなく、やっぱり「裸の王様」なのかもしれない。

それでも楽しく笑って暮らし、優しい姿を見せられるなら、「裸の大将」のように気取らず穏やかに生きていけるのではないだろうか。

情報の過多により現代は拗れ「バベルの塔」のように、それぞれが自分の言葉を語るようになった。広がったように見えた社会も、それぞれが閉じ合うだけで狭い閉塞感に苦しむ。自由を求めても自由の意味を放棄すれば、人は立ち止まり生きる意味を見失う。

原点に還ろう。

愛や夢、希望や情熱を語ろうとしたサブカルチャーの姿に。

世界中で愛される日本のアニメーションやオタク文化。行く先と着地点も見えないまだまだ黎明期であるのがきっと事実だろう。

途上国を含めてこれから更に発展してゆくことを考えると、ここで文化の解釈として愛と夢をしっかりと土台に据えることで、世界中にエンターテイメントと同時に大切な生きるメッセージを送ることができる。その柱のひとつが世界アキバパレードである。

世界中の若者が平和な世界を夢見て争いをなくし、犯罪に走る弱い心を克服し、飢えや貧困さえも生き抜く力で乗り越えていく。それが受け入れられれば差別も偏見もなくなり人類はニュータイプのようにわかり合えるのではないだろうか。

若者の心は救われ地に足の着いた愛と夢に生きるだろう。

今まで砕けなかった難しい問題はアニメや漫画を介して理解に至る。

これが本書の真の目的、世界のアキバ生まれ日本発「リアル人類補完計画」である。

難しいことを難しい言葉で語るのは容易だが、難しいことを簡単な言葉で語るのは難しい、という。こんな遊び心に溢れた人の文化が世界を本当に救える日がくるのを夢見るのも悪くない。

「がんばろう日本！」

「レッツ、クールジャパン！」

あとがき

最後までお読みいただき、ありがとうございました。とにかくただ「言いたいこと」を書かせていただいたような気がします。本書で本当に伝えたいことはそれほど多くはありません。

「繋がり」をもつこと。偏見を持つような他者とも、そして自分自身とも。新しい知との繋がりも大事である。

「労り」が大事であるということ、弱いものの心や小さな声を感じること。

「情熱と勇気」があればどこからだって新しいなにかを始められること。

アキバパレードの初期のころを綴った日記には誰も来ないかもしれない不安と葛藤の中、ギリギリのところで勇気を振り絞っている自分の姿があった。

今こうして執筆するにあたっても周りの人の協力があった。

本当にものごとが動くときは不思議とたくさんの人の助力が集まってくるのがハッキリわかる。

「現実」を生きることを大切に思うこと。

人が人であることをやめることができないように僕たちは現実を生きている。つくられた世界も現実と繋げることで無数の意味と色をもつ。

「愛や夢」を大切に思うこと。

これだって労働意欲に繋がるわけでお金にだって変えられる。ただお金を取り巻くシステムはそれを蔑ろにするものが無数にあるだけである。

「諦めず楽しみ、工夫し続けること」は現実を生きるうえで大事な処世術である。自分の中でのことでさえ変えるまでに3か月はかかるという目安を持つという。これは筋力トレーニングなどをして結果が出るまでの時間と同じで逆にいうと「3か月間は何度も同じ挫折を味わう」ということでもある。それを解決するのが諦めず楽しみ工夫する、ということである。

呼吸の仕方ひとつで状況は変えられる。結果は白か黒かで出るかもしれないが、膨大な繋がりを感じられるかが大事である。

秋葉原のあり方ひとつで世界は変えられる。

聖地「世界のアキバ」と持て囃されている今ならそれができるだろう。いつか多くの街が秋葉原に追いつき追い抜こうとする。もしかしたらそのときには「世界のアキバ」なんて誰も知らない亡国になっているかもしれない。「アキバ」という言葉を「日本」にそのまま置き換えることもできる。

だからこそ「たかがアキバ、されど秋葉原」なのである。

本書執筆にあたり、ご協力いただいた方、秋葉原の方に誌上を借りて御礼申し上げます。青斗賀和佳さん、赤間優一さん（挿し絵）、セリカさん（カバーイラスト）、達富康史さん（イラストデザイン）、増田弘恵先生（題字）、ご協力本当にありがとうございました。

秋葉原マップ

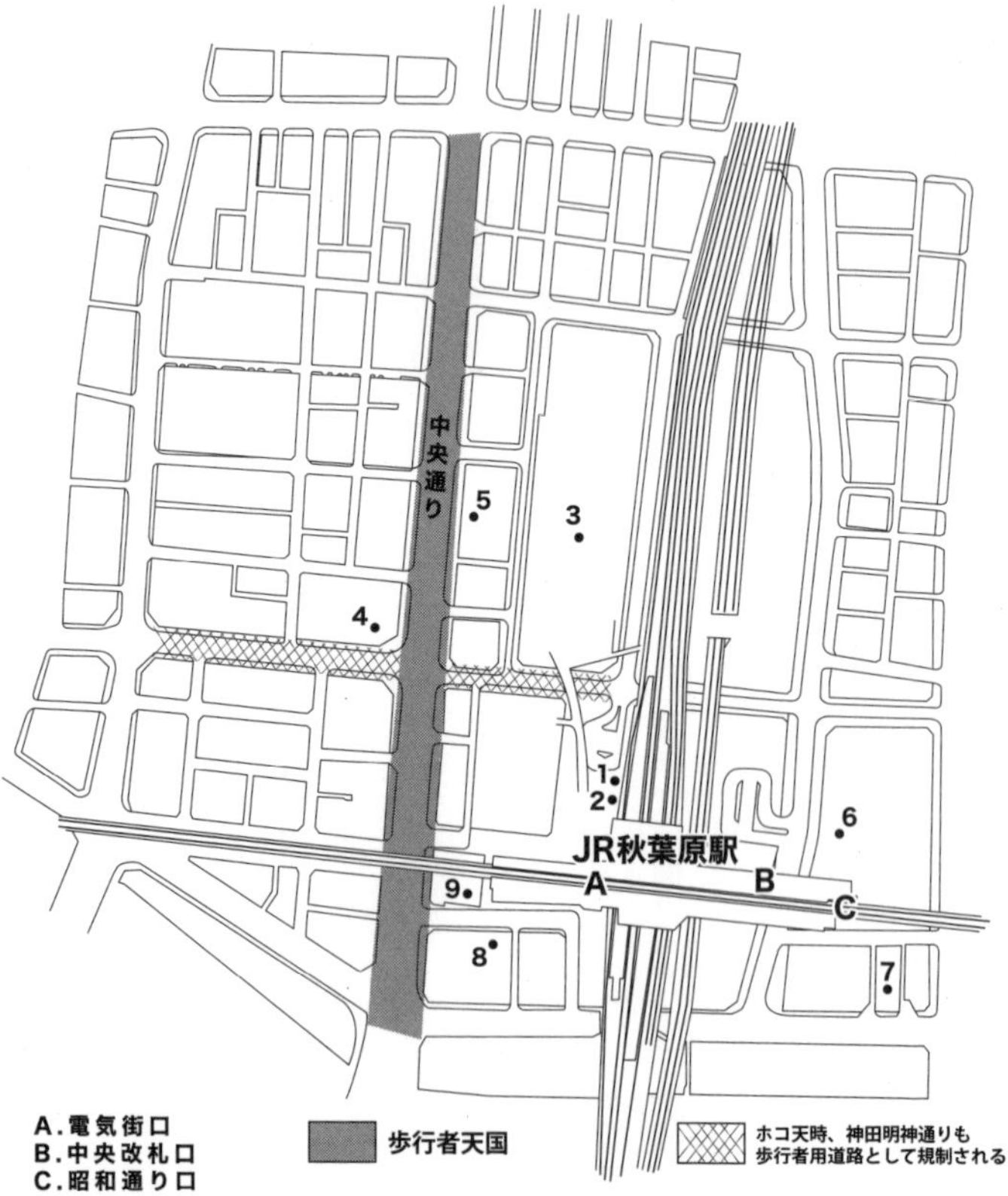

A.電気街口
B.中央改札口
C.昭和通り口

1.ガンダムカフェ
2.AKB SHOP&カフェ
3.秋葉原UDX（東京アニメセンター）
4.ベルサール秋葉原
5.ドンキホーテ秋葉原（8FAKB劇場）
6.ヨドバシカメラ
7.秋葉原公園
8.ラジオ会館
9.ゲーマーズ本店
（1F店頭：秋葉原無料案内所）

【アキバ造語・略語の意味】

カメコ★カメラを持って写真撮影する人をカメラ小僧というがその略称（カメ子とも書いたりする）ローアングルから撮影する人をローアングラー（主に際どいショットを狙うので蔑称として使われる）といいカメラワークや足の屈伸のキレなどがある人はパフォーマンスの一部として見れるレベルの人もいる。

コスプレイヤー★コスプレ（和製英語）をする人。コスチュームプレイの略でアニメのキャラクターなどの衣装を着て楽しむことである。広義ではナースやパイロットの衣装などを着ることもコスプレという。イベントは都内や地方で毎週のように開かれていて広がりを見せている。世界中のアニメコスプレイヤーがよくメディアで見られる。「レイヤー」と略されることも多い。

炎上★現在は主にブログのコメント欄や掲示版が議論や中傷でヒートアップして多数になること。無意味な言葉で埋められることを「荒らされる」ともいう。ツイッターの一言を「失言」として祭り上げられて炎上して芸能活動停止に追い込まれることも多くあり問題になっている。大手企業も小さな不祥事や対応ひとつで炎上の種をつくってしまうことに手を焼いており対策を講じている。

厨二病《ちゅうにびょう》★オタク用語として使われる頻度も高い言葉で元は「中二病」と書かれていた。（「アップロード」することを「うｐ」といったり、「ＹＯＵＴＵＢＥ」を「ようつべ」というなど言葉をイジる流れがある。）中学二年生レベルの思春期にありがちな自意識過剰からくる考えを持つことを指す。

ヲタ芸★アイドルライブでファンが独特の動きで踊るようになりハロー！プロジェクト系のアイドルが初出といわれ、ネタとして社会に認知され始める。迷惑を顧みない行為とされ、オタ芸禁止宣言がアイドルから出る、などマナーの悪さなどから偏見も多くデリケートな扱いをされる。「オタ」と「ヲタ」と二通りの書き方がある。

コミケ★コミックマーケットの通称でコミケットともいう。世界最大規模の同人誌即売会であり夏コミと冬コミの年2回がある。大人向けのエッチな同人誌も多数あることから偏見もあり、開催場所確保と表現の自由を守り続けた側面もあり、オタクなどファンの間では熱狂的な祭りとして愛される。二次創作の同人誌などの特性のため表だって大手メディアに報道されることは少ないが、動く金と人の量から企業ブースも大きく力を入れたものになっている。コスプレ広場ではコスプレ登録をしたコスプレイヤーが集まり旬なコスプレを見ることができる。入場料無料。

2ちゃんねる★日本最大の電子掲示板サイト。分野ごとに「板」としてジャンル分けされ各「スレッド」（またはスレ）に書き込み（またはカキコ）する。ツイッターなどよりもずっと前からテレビなどを見ながら書き込む実況も広く行われ、炎上や犯行予告なども広く社会問題になるなど話題になる。文字が顔に見えるように配置する顔文字やさらに複雑な図形表現のAA（アスキーアート）などもたくさん使われる。2ちゃんを使う人は「2ちゃんねらー」略称で「ねらー」と呼ばれる。

リア充★リアルな生活が充実している人間をさす用語で「恋人がいる人」を指すのが流行し主流になった。

萌え文化★「萌え」の本来の意味とは別にオタク文化の用語として流行ったキャラクターへの強い好意や恋愛感情、興奮、などを表す「萌え」を扱う文化。「萌え〜」と連呼するのがアキバのオタクというイメージはメディアを通じて浸透し、2000年前後に流行。

オタ文化★オタク文化を縮めた言い方でオタク（特定の趣味に傾倒する人を指すことが多い）

ホコ天★車両を通行止めして車道を含めた道路を歩行者専用道路として開放している歩行者天国のこと。秋葉原では13時〜17時まで（4月〜9月は18時まで）毎週日曜日実施している（雨天中止あり）。他にも新宿、銀座、などでも行われている。

メイド★住み込みで使用人として家事労働をするのが一般的なイメージである。サブカルチャーなどにおけるメイドはPCゲームから「萌え」の対象として人気が出る。コンセプトカフェ（とある世界観をモチーフとしたサービスのカフェ）で扱われ始め「メイドカフェ」は主流となる。

18禁★18歳未満閲覧禁止の作品。

クールジャパン★日本の文化を愛する海外の人たちが日本サブカルチャーなどの先鋭なあり方を「クール」と感じ、ポップカルチャーそのもの、もしくはそれに携わる人を「クールジャパン」と呼ぶようになった。

自演乙★「自作自演でお疲れさま」の意を略して自演乙と呼ぶようになるのが掲示板などで流行った。アニメ好きでコスプレを愛し本当に強い格闘家、アニヲタファイター「長島☆自演乙☆雄一郎」選手が登場したことで一気に自演乙というフレーズも有名になる。

DQN★インターネットスラングで「非常識で知識が乏しいもの」を指すときに使う。「目撃！ドキュン」というテレビ番組に出演する非常識な行動をとる人間から「ドキュン」「DQN」という言葉が生まれる。

ニコ厨★ニコニコ動画ばかりみているニコニコ中毒者（ニコ中）の重度な場合の呼び方。（もちろん本当にそんな病名があるわけではない）ニコニコ廃人やニコニコニートというさらに重度なものもある。

【参考文献】

執筆に当たり左記を参考文献とさせていただきました。
「秋葉原事件－加藤智大の軌跡」中島岳志（朝日新聞出版）
「秋葉原は今」三宅理一（芸術新聞社）
「ウェブ進化論」梅田望夫（筑摩書房）
「オタクに未来はあるのか!?巨大循環経済の住人たちへ」森永卓郎・岡田斗司夫（PHP研究所）
「オタクはすでに死んでいる」岡田斗司夫（新潮新書）
「オタ中国人の憂鬱」百元籠羊（武田ランダムハウスジャパン）
「マンガはなぜ規制されるのか－有害をめぐる半世紀の攻防」長岡義幸（平凡社新書）

著者略歴

ウェルダン穂積（うぇるだんほづみ）

本名：穂積 義央（ほづみ よしふみ）

1978年11月千葉県船橋市生まれ。市立船橋高等学校卒。小さな頃から人を笑わせるのが好きだったのと目立ちたがりが高じて高校卒業後、お笑い芸人の道に進む。コンビ名「ウェルダン」で都内でライブ活動。ストリートミュージシャンやコスプレパフォーマーとして独特の表現で活動家としても声をあげ「アキバの赤い彗星」と呼ばれるようになる。この頃から「リアルアニメ」という考えでサブカルチャーが本来訴えてきた愛や夢を現実に顕現させる趣旨のデモ活動を行う。
秋葉原の歩行者天国が廃止されてから十回に渡り「アキバパレード」を通じて「愛と夢」を社会に訴える。
「理解されない若者」と「街をつくる大人たち」との相互理解の架け橋となるべく歩行者天国でコスプレをして掃除をするなどの活動を続けている。
芸人で作家としても活動しライフワークである私小説を執筆中。ボランティアサークル「アキバへ恋！」の代表も務め広く世間に声を届けようとしている。

ブログ「ポケットの中の闘争」 http://welldone.cocolog-nifty.com/
E-mail：hoz@akiba-k.jp

たかがアキバ されど秋葉原

2011年11月24日発行

著　者　ウェルダン穂積　©Welldone Hozumi

発行人　森　忠順

発行所　株式会社 セルバ出版
〒113-0034
東京都文京区湯島1丁目12番6号 高関ビル5B
☎03（5812）1178　FAX 03（5812）1188
http://www.seluba.co.jp/

発　売　株式会社 創英社／三省堂書店
〒101-0051
東京都千代田区神田神保町1丁目1番地
☎03（3291）2295　FAX 03（3292）7687

印刷・製本　モリモト印刷株式会社

Printed in JAPAN
ISBN978-4-86367-060-0